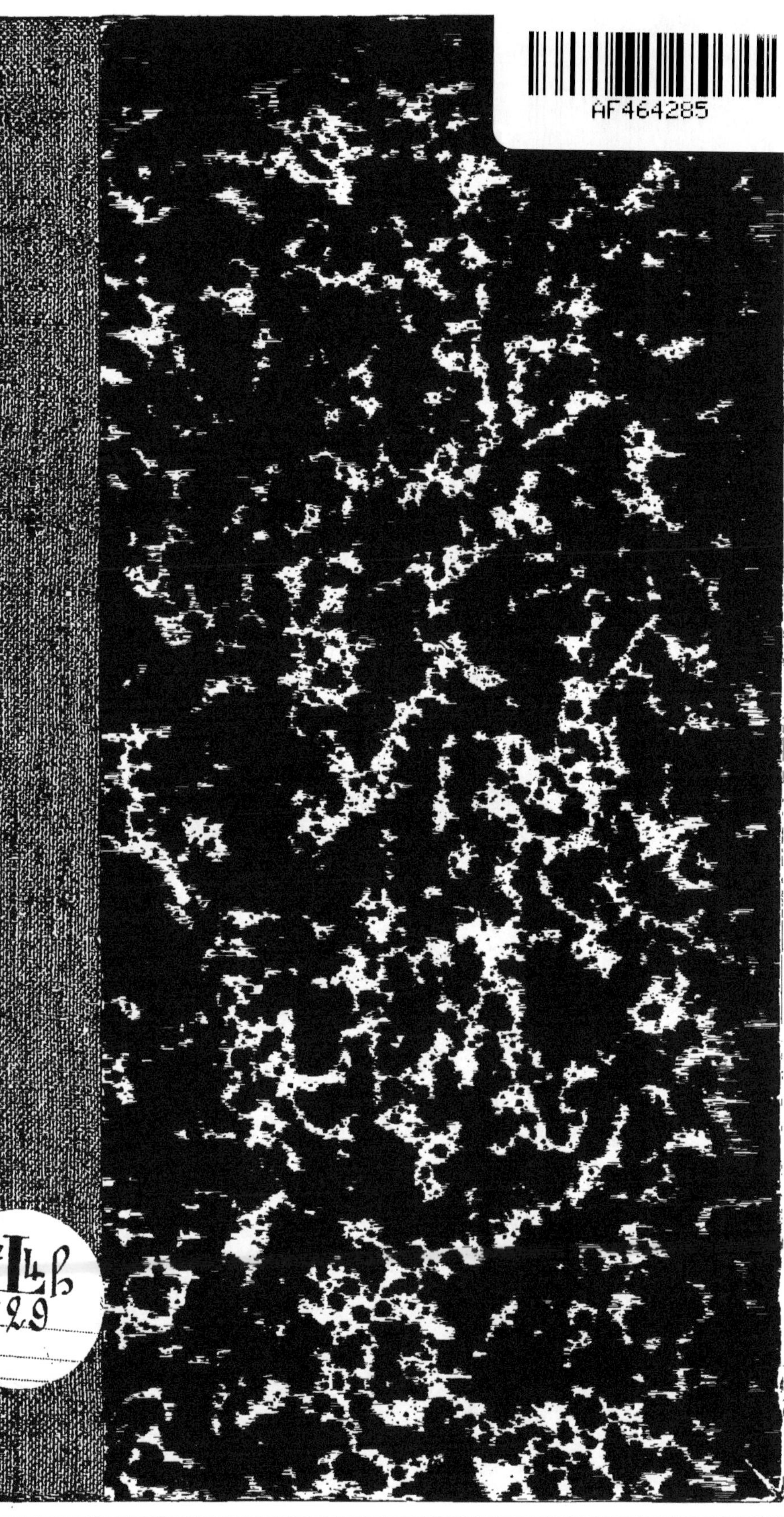
AF464285
8° Lk 2529

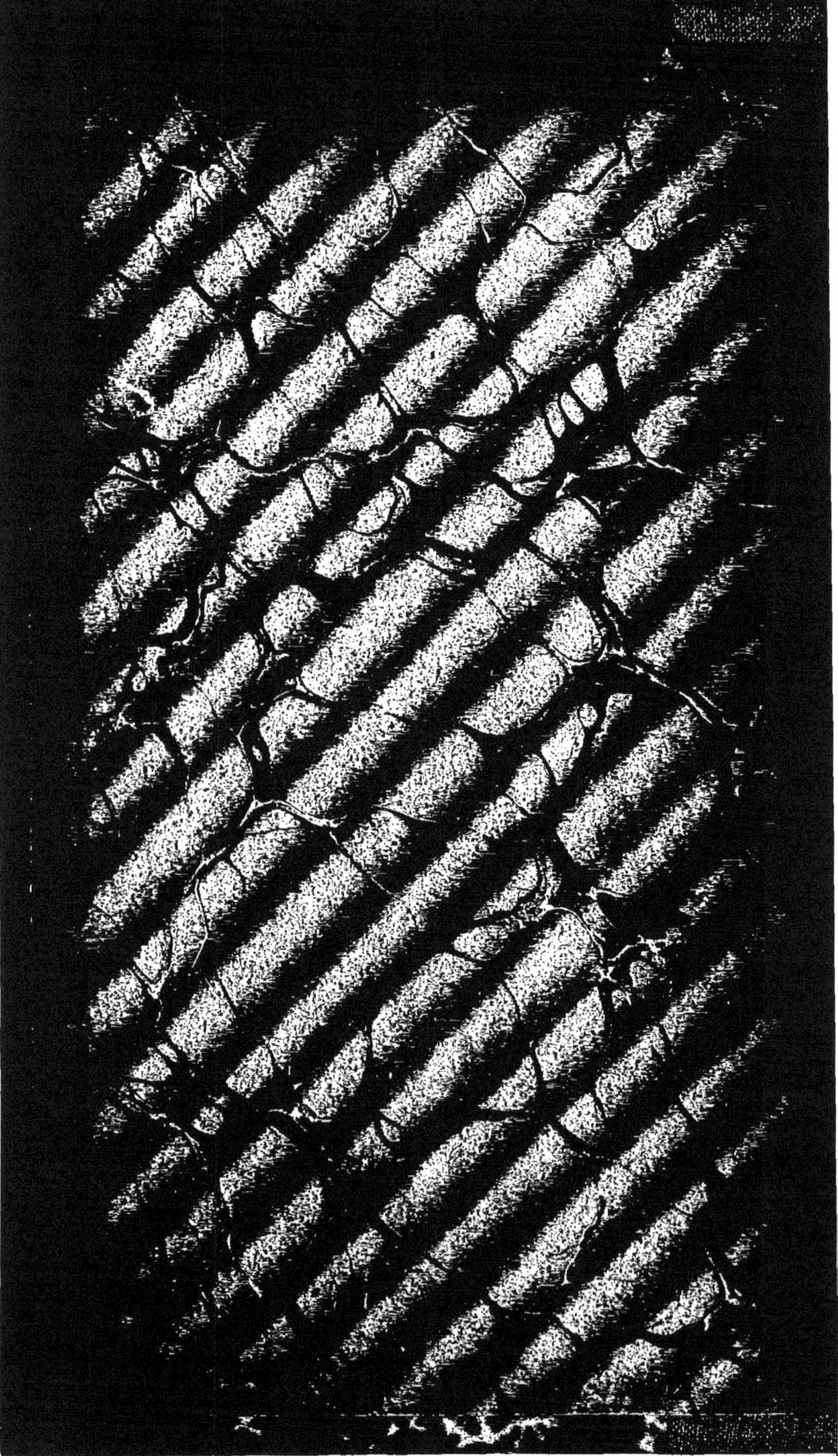

PETITE GUERRE COLONIALE

UNE CAMPAGNE DANS LE HAUT-TONKIN

(JANVIER-MAI 1896)

Par le Capitaine breveté **BERNARD**
DE L'INFANTERIE COLONIALE

AVEC 9 CROQUIS, DONT 8 HORS TEXTE

PARIS
HENRI CHARLES-LAVAUZELLE
Éditeur militaire
10, Rue Danton, Boulevard Saint-Germain, 118
(MÊME MAISON A LIMOGES)

BIBLIOTHÈQUE NATIONALE RF IMPRIMÉS
8° Lk 2529

Petite guerre coloniale

UNE CAMPAGNE DANS LE HAUT-TONKIN

(Janvier-Mai 1896)

DROITS DE REPRODUCTION ET DE TRADUCTION RÉSERVÉS

PETITE GUERRE COLONIALE

UNE CAMPAGNE DANS LE HAUT-TONKIN

(JANVIER-MAI 1896)

BIBLIOTHÈQUE NATIONALE
RF
IMPRIMÉS

Par le Capitaine breveté BERNARD
DE L'INFANTERIE COLONIALE

AVEC 9 CROQUIS, DONT 8 HORS TEXTE

DÉPÔT LÉGAL
HAUTE-VIENNE
N° 187
1898

PARIS
HENRI CHARLES-LAVAUZELLE
Éditeur militaire
10, Rue Danton, Boulevard Saint-Germain, 118

(MÊME MAISON A LIMOGES)

AVANT-PROPOS

En 1885, déjà bien établis dans le delta du Tonkin, maîtres des grandes voies de pénétration qui rayonnent de là vers le Yun-Nan et vers le Quang-Si, nous n'avions, semblait-il, qu'à nous donner la peine d'aller occuper effectivement les hautes régions.

Or nous avons mis quinze ans à les conquérir. A dire vrai, la tâche était rude. Il s'agissait moins, en effet, d'amener à composition les populations elles-mêmes, assez promptement résignées, là comme partout, à subir la loi du plus fort, que de réduire cet adversaire bien autrement redoutable qu'était à ce moment le pirate chinois, leur séculaire oppresseur et exploiteur. Véritable seigneur de ces montagnes, le « giac » (1) ne s'en est pas laissé déposséder sans peine ; quinze années durant, il s'est accroché à son fief avec une inlassable ténacité, et si nous avons, en fin de compte, réussi à l'en expulser, c'est que nous n'avons, par bonheur, manqué sur ce terrain ni de moyens, ni de talents, ni même, chose plus rare, d'esprit de suite. Aujourd'hui encore, où, dans toute l'étendue de notre conquête, nous avons pourtant, à titre officiel et incontesté, substitué nos trois couleurs aux pavillons noirs ou jaunes, qui pourrait nous assurer que l'industrie du « Winchester » ait dit là-bas son dernier mot ? Chassé, le pirate revient, et nous savons aussi que, tant qu'il y aura des Chinois en Chine, le recrutement de ce fâcheux parasite restera

(1) « Pirate » en annamite.

nécessairement assuré. Marsouins et bigorres nés d'hier à la vie coloniale, légionnaires de nouvelle recrue, sous-lieutenants « tout neufs » frais émoulus des Ecoles, peuvent donc caresser l'espoir de guerroyer à leur tour, comme leurs anciens, dans les montagnes du fleuve Rouge ou sur les confins de Lang-Son et de Cao-Bang. Qu'ils se résignent cependant à savoir que le principal de la besogne y est fait ; car, sans vouloir diminuer le mérite de l'occupation présente et future, il semble qu'il soit dès maintenant plus aisé d'interdire au pirate l'accès du haut pays tonkinois qu'il n'a été commode de l'en faire sortir, et nul ne conteste plus que les dures années de la conquête n'y aient solidement et définitivement assis la domination de la France. Si, malgré tout, le sort contraire nous amenait un jour à évacuer le Tonkin comme une simple Mandchourie, ce serait, comme bien on devine, sous une pression autrement énergique que celle de messieurs les pirates yunnanais, cantonnais et consorts. Contre ceux-ci nous sommes armés ; puissent les futurs budgets nous armer aussi contre... *les autres !*

Ecartons le spectre du péril jaune et revenons à la conquête du Haut-Tonkin. Nous avons dit qu'elle avait duré quinze ans. Dans l'histoire de ces campagnes où abondèrent les beaux faits d'armes, où tant de braves gens, officiers et sous-officiers, soldats français et soldats annamites, dépensèrent sans compter leur sang et leurs efforts, celle de l'hiver 1895-1896 méritera sans doute une mention particulièrement honorable. Elle amena, comme on sait, la fin de la grande piraterie dans les régions de la haute rivière Claire et permit, par suite, l'occupation complète et définitive de l'importante zone frontière du

Yun-Nan. Née du sentiment très exact d'une situation qui devenait de jour en jour plus intolérable, l'idée première en a été exposée comme il suit dans un intéressant rapport publié par la *Revue des Troupes coloniales* » (n° 1, juillet 1902) :

« Par suite d'accords plus ou moins boiteux avec certains chefs pirates et de l'obligation de fermer momentanément les yeux sur les agissements de certains autres, une profonde enclave avait été ménagée à la piraterie au centre même du Tonkin. De la frontière de Chine où, entre Ha-Giang et Bao-Lac, était établi le plus important des chefs pirates, A-Coc-Thuong, elle s'étendait par une chaîne ininterrompue jusqu'à l'établissement du Détham, dans le Yen-Thé, pénétrant ainsi jusqu'aux abords du chemin de fer de Hanoï à Langson.

» Le moment était venu de poursuivre dans la partie centrale de la haute région, l'organisation progressive, méthodique et solide qui avait donné de si excellents résultats dans les régions correspondant aux 1er, 2e et 4e territoires militaires. La nécessité nous en était, du reste, imposée ; car, accumulée entre le Song-Gam et la rivière Claire, encouragée par notre longue inaction dans cette région, poussée par le besoin résultant de la mauvaise récolte, la piraterie chinoise, de connivence avec le vieux parti annamite, se préparait à une véritable poussée offensive vers le sud.

» Les résultats politiques et administratifs de la campagne d'hiver 1895-1896 furent considérables. »

Deux épisodes assez mal connus de cette importante action militaire font l'objet du modeste essai que nous soumettons ci-après à la bienveillante indulgence des tonkinois d'hier et d'aujourd'hui. La première partie de notre exposé a trait aux faits et gestes de la colonne du Haut-Song-Con, dite aussi colonne de Lang-Co-Lum, du nom de la petite place assiégée dont la délivrance, obtenue, il est vrai, au prix de sanglants sacrifices, fut le couronnement heureux de ses longues et ingrates pérégrinations ; à tous ceux, nombreux sans doute, que rebuterait le peu intéressant récit d'une odyssée préalable de trente jours à travers la brousse à la recherche d'un ennemi qui devait, cette fois, rester insaisissable, nous donnons rendez-vous, pour la seconde phase de cette première expédition, le 17 février, à Bac-Quang (p. 34, Lang-Co-Lum et Mac-Qué-An)].

La deuxième partie nous conduira à la suite de la colonne du Coui-Cap, consécutive à la précédente et qui, le 18 mai 1896, à Bo-Lam, devait tirer les derniers coups de fusil de la campagne ; enfin, comme conclusion pratique spécialement dédiée aux réflexions de nos jeunes camarades des troupes coloniales, nous essaierons, dans une troisième et dernière partie, de synthétiser en quelque sorte les procédés communément mis en œuvre sur ces terrains particuliers du haut fleuve Rouge et de la haute rivière Claire, en fondant plus spécialement nos observations sur une expérience de quatre mois de marches et de combats en montagne, afin d'en tirer quelque enseignement.

Ces pages n'ont d'autre prétention que de coordonner des impressions et des souvenirs personnels, de faire revivre, autant qu'il est possible à dix ans de distance, des choses vues et vécues par un témoin, modeste mais bien placé, de ces petits drames de la brousse. Il convient de n'y point rechercher la documentation minutieuse que l'on est en droit d'exiger d'un rapport officiel ou d'un travail d'histoire, mais seulement, et c'est là l'essentiel (malgré l'absence voulue de pièces justificatives que ne nous semblaient comporter ni l'exiguïté de notre cadre, ni le ton général de notre exposé), le souci profond, scrupuleux de la vérité toute nue. Nous voudrions aussi qu'on y reconnût notre vif désir de plaire et même d'être utile aux jeunes, à ceux du moins que les hasards de la carrière coloniale pourront mettre en face de cet ennemi non méprisable qu'est pour longtemps encore le pirate chinois.

Notre but, modeste, étant ainsi précisé, nous nous en remettons volontiers à d'autres du soin d'instruire nos camarades dans l'art de battre un jour, s'il le faut, sur ces mêmes terrains, les armées de la Chine ou..... d'autres.

Petite guerre coloniale

UNE CAMPAGNE DANS LE HAUT-TONKIN

(Janvier-Mai 1896)

I

RIVIÈRE CLAIRE ET HAUT-SONG-CON

Situation initiale.

Depuis que Liu-Vinh-Phuoc avait disparu de la scène, ses principaux lieutenants s'étaient efforcés, mais en vain, de regrouper les vieilles bandes du fleuve Rouge et de la rivière Claire, qu'une série ininterrompue de désastres semblait avoir dissociées pour toujours. Au début de l'année 1896, on put croire pourtant qu'après diverses vicissitudes le chef pirate A-Coc-Thuong allait y réussir. Nous le retrouvons à cette date faisant la loi sur la haute rivière Claire où, ayant, huit mois durant, sous l'impulsion énergique de notre mortel ennemi Thuyet, ancien régent de la cour d'Annam, battu partout le rappel aux pirates momentanément sans emploi, il avait enfin réussi à réunir discrètement sous ses pavillons plus de 3.000 fusils. Toute recrue lui avait été bonne : anciens partisans du fameux Ba-Ky, si durement éprouvé l'année précédente dans le 2e territoire ; réguliers chinois déserteurs ; vétérans d'Hoang-Tan-Loï venus du fleuve Rouge ; aventuriers en rupture de contrat du chef soumissionnaire Luong-Tam-Ky, et bien d'autres encore, professionnels confirmés ou simples apprentis.

A cette coalition inattendue, le lieutenant-colonel Vallière, commandant le 3e territoire, investi de la difficile mission d'en purger le sol tonkinois, était à la veille de pouvoir opposer, par l'arrivée de renforts successifs, environ 1.800 hommes de troupes régulières avec 5 pièces de canon et quelques groupes (d'ailleurs excellents) de partisans indigènes, le tout réparti en quatre colonnes (lieutenant-colonel Audéoud, commandants Betboy, Nouvel et Briquelot). La campagne commença le 5 janvier et fut poursuivie avec la plus grande vigueur ; elle devait aboutir aux succès de Khau-Coc (23 janvier), du Nui-Ken (10 février) et de Lung-Men (24 février).

« Mais, dit la relation officielle, tandis que les opérations se poursuivaient au nord avec succès, de sérieux événements survenus au sud avaient failli compromettre le sort de la campagne. Se détachant du massif de Lung-Giang et se dérobant, grâce à la difficulté du pays, à la colonne Betboy, 400 pirates chinois de Hoang-Cao avaient, en deux groupes, gagné, dans les premiers jours de janvier, la direction du sud, menaçant sérieusement la rivière Claire, dont les postes avaient été assez réduits par suite des prélèvements qu'il avait été nécessaire d'y faire pour les colonnes. »

Ce même Hoang-Cao venait d'être fort malmené à Ban-Lu (24 décembre 1895), par un terrible empêcheur de danser en rond, le chef de bataillon Briquelot, commandant le cercle d'Ha-Giang, qui l'avait chassé des bords hospitaliers de la rivière Claire et rejeté dans l'intérieur du massif de Lung-Giang. Quelques jours plus tard, de nouveau menacé à Coc-Rau, il s'était décidé, comme il vient d'être dit, à faire bande à part et à venir pêcher en eau trouble dans les régions du sud, où il savait n'avoir à redouter d'un certain temps aucune force française régulière. Entamé vraisemblablement non pour le succès de la grande cause, mais dans un simple but de « commerce », ce mouvement, de conception audacieuse et d'exécution rapide, n'en servait pas moins les desseins d'A-Coc-Thuong ; il faillit, du reste, entraîner pour nous les plus graves conséquences.

De Coc-Rau (voir croquis n° 1), le chef pirate se jeta tout d'abord dans le Bang-Hanh, massif boisé particulièrement difficile, où, de tout temps, les bandes avaient trouvé un asile encore inviolé. Rayonnant de là vers le sud, il dévastait systématiquement la région de Bach-Sa et de Phu-Loan, presque sous les yeux du poste français de Vinh-Thuy, trop affaibli pour songer à l'en empêcher. Bientôt, enhardie par l'impunité, la plus grosse partie de la bande, 250 fusils environ, conduite par Hoang-Cao en personne, descendait sur Bac-Muc, enlevait à Lang-Muong-Tho un poste de partisans et y établissait son centre d'action, à moins de deux jours de marche de Tuyen-Quang, chef-lieu du territoire, et à 2 kilomètres à peine de la rivière Claire, sur la ligne même de communication et de ravitaillement des colonnes du Nord. Les habitants, terrifiés, accouraient de toutes parts se mettre sous la protection de la petite garnison de Bac-Muc ; on se serait cru aux plus beaux jours de la grande piraterie.

Un officier énergique, le chef de bataillon Brenot, commandait à ce moment le cercle de Bac-Quang. Prélevant sur les médiocres ressources qu'il avait sous la main (garnison de sûreté, éclopés et isolés à destination ou en provenance des colonnes du Nord) une centaine de fusils, seule force à peu près disponible dans la région, il se jeta résolument dans les traces d'Hoang-Cao. Mais le vieux renard connaissait plus d'un tour ; au lieu de faire tête et de perdre son temps à monter en terrain défavorable une opération en règle contre ces importuns, il continua tranquillement à piller les villages tout en évacuant ouvertement Lang-Muong-Tho avec le gros de sa troupe et simulant une retraite dans l'intérieur par la vallée de Ngoï-Doc. Il avait déjà trouvé son terrain dans la montagne de Tam-Ky, un col idéal, point de passage obligé de la chaîne, enserré par des bois et des escarpements, semblant tout exprès créé pour une de ces embuscades formidables dont les pirates ont le secret.

Le 13 janvier, le détachement du commandant Brenot, marchant à peu près à l'aveugle dans ce pays inconnu et désolé, venait s'engouffrer dans la fatale tenaille ; résultat : un échec sérieux avec 9 tués (dont le capitaine Bérenger, de la légion) et 14 blessés. La petite colonne dut se replier vivement sur Bac-Muc, abandonnant ses cadavres sur le terrain ; à l'arrière-garde, le commandant et ses officiers avaient dû, revolver au poing, payer de leur personne pour contenir la meute hurlante qui les serrait de près.

Cet insuccès des « linhs-tây (1) » eut un retentissement fâcheux dans toute la rivière Claire et l'orgueil chinois en triompha, comme il a coutume de le faire, par la diffusion dans tous les villages de proclamations extraordinaires de jactance et de vanité satisfaite, annonçant, à qui voulait l'entendre, que les Français allaient disparaître du haut pays ; mais, détail qui pourra paraître bizarre à qui ne connaît pas le tempérament et les mœurs du « giac », le chef pirate vainqueur ne profita pas, militairement parlant, de ce résultat inespéré. Et cependant, « à ce moment, dit la relation officielle, le lieutenant-colonel Vallière se trouvait engagé au delà de Na-Coc. L'absence de chemins, le mauvais temps persistant avaient momentanément interrompu toutes communications avec lui ; ni le télégraphe optique, ni les pigeons ne fonctionnaient sous la pluie et le brouillard, et la direction du sud lui échappait momentanément. »

(1) Soldats français.

Rien n'eût donc été plus facile à Hoang-Cao que de s'installer sur le fleuve entre Vinh-Thuy et Bac-Muc, en maître contesté (pour un temps du moins) de la moyenne rivière Claire, interceptant les communications et coupant le ravitaillement des colonnes du Nord, de descendre même sur Tuyen-Quang, presque totalement démuni de troupes et dont, au surplus, la riche banlieue était bien de nature à le tenter ; mais, paraissant indifférent aux résultats stratégiques qui s'offraient à lui, il se contenta, pour le moment, de demeurer sur ses positions de Lang-Muong-Tho, fumant paisiblement l'opium et détachant seulement des escouades de maraudeurs pour mettre en coupe réglée les villages qui avaient, jusque-là, échappé à ses recherches.

Pour nous Français, la situation n'en était pas moins insupportable ; car, somme toute, Hoang-Cao, se ravisant, ou poussé par les émissaires d'A-Coc-Thuong, pouvait d'un instant à l'autre viser aux résultats qu'il semblait présentement dédaigner. Il fallait le prévenir dans cette entreprise ; il était même urgent de relever par un coup de vigueur notre prestige singulièrement compromis.

De son quartier général d'Hanoï, le général Duchemin, commandant en chef, para aux premières difficultés.

En quelques jours, grâce aux mesures prises d'urgence, le commandant Lyautey, sous-chef d'état-major (chargé pour la circonstance de la direction des affaires du 3e territoire), put disposer, à Chiem-Hoa et à Bac-Muc, de deux groupes d'une centaine de fusils, tirés des garnisons du Sud, première barrière éventuelle aux incursions des pirates.

Pendant ce temps, une colonne de secours était constituée avec des ressources prélevées sur les troupes du 4e territoire (fleuve Rouge), sous les ordres du chef de bataillon Bailly, de l'infanterie de marine, commandant le cercle de Bao-Ha.

Ce sont les faits et gestes de cette colonne, dite du Haut-Song-Con ou de Lang-Co-Lum, que nous nous proposons de suivre de plus près.

La colonne de secours.

« Quarante ans, de taille au-dessous de la moyenne, mais tout en muscles et nerfs, comme il sied à un ancien lauréat de Joinville, comme tel, du reste, demeuré un fervent de tous les sports, le regard vif et pénétrant, la moustache d'un noir de jais, en opposition avec des cheveux blancs devenus légendaires, le verbe clair et sonore, tel était au physique le commandant Bailly ; au moral, un homme charmant, intelligent et décidé (1). » Les citations à l'ordre tenaient une page de son livret. On l'avait vu, en 1884, à Bac-Lé, encore jeune officier, franchir de nuit, au prix des pires dangers, les lignes chinoises qui nous enserraient dans une situation presque désespérée, et rétablir audacieusement nos communications optiques avec le Delta. A Lang-Son, à Hoa-Moc, puis sur le fleuve Rouge et sur la rivière Noire, au cours de la dure période de l'occupation du Haut-Tonkin, nous le retrouvons partout où il y a des coups à donner et à recevoir. Le brio très remarqué avec lequel, sans autres moyens qu'un petit détachement de fortune, il avait, en 1895, à la suite des opérations du Chieu-Tan, dispersé et rejeté en Chine la bande aguerrie du vieux routier Hoang-Man, achevait de le poser comme un chef de partisans de tout premier ordre. Hoang-Cao allait trouver à qui parler.

(1) Lettres d'un officier.

La composition de la colonne fut fixée ainsi qu'il suit :

Etat-major.

Commandant Bailly, de l'infanterie de marine, commandant du cercle de Bao-Ha, commandant la colonne ;

Lieutenant Bernard, de l'infanterie de marine, officier adjoint.

Troupes.

Indigènes :

110 fusils de la 2e compagnie du 1er tonkinois (lieutenant de Bosredon, de l'infanterie de marine), en garnison à Bao-Ha, Pho-Rang, Nhé-Do ;

60 fusils de la 9e compagnie du 1er tonkinois (lieutenant Talpomba, de l'infanterie de marine), en garnison à Yen-Bay ;

60 fusils de la 6e compagnie du 1er tonkinois (lieutenant Guilloteau, de l'infanterie de marine), en garnison à Pa-Kha, Bao-Ngaï ;

Européens :

35 fusils de la 15e compagnie du 2e étranger (lieutenant Prokos), en garnison à Yen-Bay ;

35 fusils de la 16e compagnie du 2e étranger (lieutenant Ducrot), en garnison à Pho Lu.

Soit 300 fusils.

Cette mosaïque de détachements, provenant tous d'unités différentes, représentait à peu près le maximum de ce que les effectifs disponibles du fleuve Rouge permettaient de mettre sur pied ; de plus, ces divers éléments se trouvaient, comme on le voit, dans des garnisons très éloignées les unes des autres (cinq jours de marche de Pho-Lu à Yen-Bay) et très éloignées aussi de l'objectif à atteindre (cinq jours de Bao-Ha à Tam-Ky).

Or, une première mission nette et urgente venait d'être

assignée au commandant Bailly par le commandement supérieur :

Assurer le retour de Bac-Muc à Bac-Quang du commandant Brenot avec le détachement si durement éprouvé le 13 janvier ; couvrir la rivière Claire et assurer les communications menacées entre Vinh-Thuy et Bac-Muc.

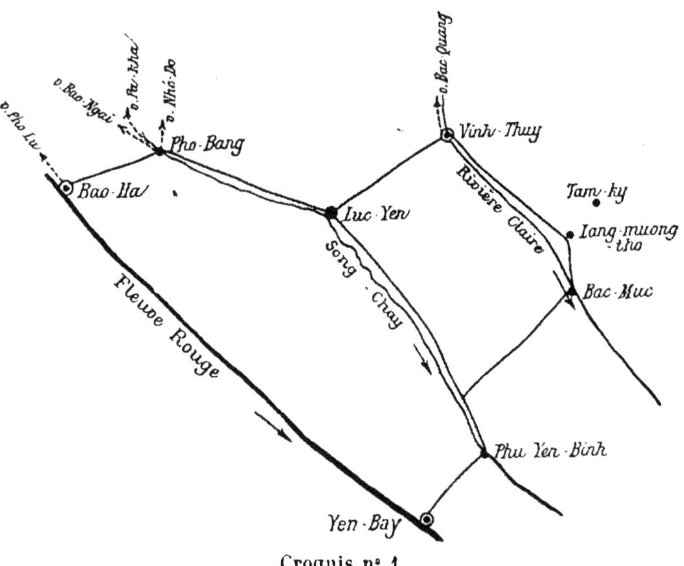

Croquis n° 1.

Le seul moyen d'y réussir était évidemment de se porter, toutes forces réunies, contre le rassemblement pirate à ce moment en position à Tam-Ky, sinon pour l'attaquer et le battre (la possibilité de le faire avec les moyens dont on disposait n'étant pas encore bien établie), du moins pour le tenir provisoirement en respect en lui opposant un barrage solide sur la rive gauche de la rivière Claire.

Etant donnée la répartition initiale des éléments constitutifs de la colonne, leur concentration préalable semblait tout indiquée à Luc-Yen, avant de se porter de là par Vin-Thuy dans la région de Lang-Muong-Tho. Mais, en raison de l'urgence qui paraissait s'attacher au renforcement immédiat de la garnison de Bac-Muc, à portée du repaire occupé par la bande, le contingent d'Yen-Bay fut poussé directement sur Bac-Muc par Phu-Yen-Binh.

Il fut décidé, en conséquence, que, seuls, les éléments de Bao-Ha et du Nord se réuniraient à Luc-Yen, au besoin même à Vinh-Thuy, s'il se produisait du retard dans les mouvements de l'un quelconque d'entre eux, et que le rassemblement définitif se ferait, suivant les circonstances, soit à Lang-Muong-Tho, soit à Bac-Muc.

Ce rassemblement à pied d'œuvre, par petites fractions, au nez de l'ennemi qu'on se propose d'attaquer, pourrait laisser rêveurs les tacticiens mal informés. Dans une guerre continentale, devant des Allemands, des Japonais ou tout autre adversaire agissant, une telle manière de faire aboutirait nécessairement à un désastre. Ici, rien de pareil ne paraissait à redouter, autant du moins qu'il était permis de faire fond sur les mœurs bien connues du « giac » dénué, par définition, du sens « offensif ». Non qu'il soit inerte, bien au contraire, et nous verrons plus loin combien il est parfois difficile de le saisir ; mais cette aptitude à se dérober caractérise précisément son tempérament spécial, qui a peu d'affinités avec celui d'un soldat. Qu'on veuille bien cependant ne pas le mettre en parallèle avec ce trop prompt fuyard que fut le guerrier hova en 1895, comme l'avaient été, près d'un siècle auparavant, les soldats napolitains du roi Murat. Foncièrement brave et habile truqueur de terrain, il se défend avec énergie *là où ses intérêts lui commandent la résistance* ; il sème de traquenards la voie de ceux qui viennent le troubler dans l'exercice de son industrie ; mais il ne fait pas de l'art pour l'art, et n'a souci des résultats purement militaires ; durer le plus longtemps possible, dans une région de rapport, tel est son but ; c'est au service de cette seule idée qu'il emploie une organisation rationnelle, un armement perfectionné, une expérience consommée du pays et des habitants, tous moyens dont il sait jouer en artiste et dont il nous a été donné souvent d'éprouver l'efficacité.

De Bao-Ha à Lang-Muong-Tho.

Avisé le 14 janvier au soir de la mission qui lui incombait, le commandant Bailly donnait ses ordres sur-le-champ pour la mise en marche de ses détachements et, dès le 16 au matin, quittait Bao-Ha avec le contingent fourni par ce poste.

Le mouvement de la colonne de secours du fleuve Rouge sur la rivière Claire allait s'opérer sans incidents, mais non sans peine. Le temps était des plus maussades. « Le crachin, pluie fine et pénétrante de l'hiver tonkinois, écrivait un officier d'infanterie de marine, nous servait jour et nuit sa petite musique monotone ; sous son action persistante, le sol argileux, retenant l'eau à toutes les altitudes, avait tourné au marécage. Que de glissades imprévues, de chutes et de culbutes, sur ces abominables sentiers « mans », qui empruntent tour à tour, en dépit de toutes les règles, ou la ligne de faîte ou le lit des torrents. Nous avons, il est vrai, des compensations : dans ces montagnes du fleuve Rouge, la nature est si belle, même sous l'ondée, et tant d'exquises senteurs s'exhalent, sur la route, du benjoin, du patchouli, des mille plantes à parfum ; et puis l'on est si fier, si heureux de partir enfin en colonne ! Echapper à la vie de garnison, n'est-ce pas le rêve de tout soldat, du marsouin surtout, venu aux colonies tout exprès pour faire parler la poudre ? Et, de fait, nous voici soldats pour de bon ; qu'il pleuve, qu'il vente, que la montagne nous réserve la faim, la maladie, l'usure physique, la misère, peu nous importe ! Dans quelques jours on se battra. »

Organisé à Luc-Yen le 18 janvier, le gros de la colonne (moins le détachement Guilloteau et le contingent d'Yen-Bay) atteignait Vinh-Thuy le 20, à 2 h. 45 de l'après-midi. Le détachement de Bao-Ha venait de parcourir ainsi quelque 100 kilomètres en moins de cinq jours ; peu de chose, semblera-t-il, à côté des prouesses pédestres quotidiennement relatées par nos journaux militaires ou sportifs ; et, néanmoins, pour qui en a fait l'expérience, il s'agit bien, en l'espèce, d'un véritable record ; dans la montagne du Haut-Tonkin, quand l'effet du crachin double l'effort à faire, une étape de 20 kilomètres représente, ne l'oublions pas, au moins huit, et plus souvent neuf et dix heures de marche.

En cours de route, nombre de faux renseignements nous étaient parvenus ; le plus grave, émanant du chau-uy de Pho-Rang, chef de partisans, réputé pourtant intelligent et débrouillard, annonçait l'installation de la bande d'Hoang-Cao au carrefour de Bac-Pha (trois heures et demie nord-est de Luc-Yen). Cette offensive inattendue des pirates entraînait le bouleversement du plan primitif ; mais, le lendemain, à Luc-Yen, le renseignement devait être reconnu erroné ; on avait pris pour des pirates les partisans du poste auxiliaire de Bac-Pha. Ces illusions singulières sont le pain quotidien de la guerre, aux colonies plus qu'ailleurs.

A Vinh-Thuy, toutefois, la situation commença à s'éclaircir. Le commandant du poste, capitaine Dumestre, de l'infanterie de marine, vétéran de l'occupation des hautes régions, avait habilement joué du faible personnel (régulier et auxiliaire) dont il disposait. Il fut désormais acquis que la bande d'Hoang-Cao, forte d'au moins 300 fusils, était restée solidement établie à Tam-Ky, ayant des éléments avancés à l'ancien poste de partisans de Lang-Muong-Tho ; on avait même aperçu plusieurs fois des Chinois isolés sur la route de Vinh-Thuy à Bac-Muc. De plus, détail assez grave, un nouveau groupe pirate, dont on ignorait la force, descendait en ce moment du Bang-Hanh par le Ngoï-Xao et le Ngoï-Dam, vraisemblablement sur Phu-Loan, pour y donner la main à la bande principale. Ces divers renseignements devaient être confirmés le lendemain, 21 janvier, par les émissaires du poste de Chiem-Hoa (deux jours de marche est de Bac-Muc). De l'arrivée de ces renforts, il semblait résulter que les pirates avaient l'intention d'exploiter à fond le succès de Tam-Ky, en s'établissant dans le pays pour un certain temps.

Le 21 au matin, le commandant Bailly ne disposait encore à Vinh-Thuy que des 140 fusils des détachements Ducrot (légion) et de Bosredon (tirailleurs tonkinois) ; les fractions Talpomba et Prokos étaient à Bac-Muc, le détachement Guilloteau n'avait pas encore rejoint. Il fallait néanmoins, comme on l'a vu, marcher sans retard sur Lang-Muong-Tho pour en imposer à la bande et assurer le passage du détachement Brenot qui devait, le surlendemain, quitter Bac-Muc pour remonter sur Bac-Quang. Pour celui-ci, comme pour nous, un chemin s'imposait, celui de la rive gauche de la rivière Claire, la rive droite n'étant desservie que par une ébauche de sentier, présentement impraticable. Mais le fait de s'engager sur cette voie obligée, véritable défilé entre la rivière et la forêt, sous la double menace, le cas échéant, de la bande de Tam-Ky et de la bande de renfort, cette dernière étant supposée ce jour-là dans la région de Bach-Sa-Minh-Kuong, se présentait, quelle que fût la passivité reconnue du pirate chinois, comme une entreprise assez délicate, d'autant que les terrains à embuscade abondent sur cette rive. Le commandant de la colonne avait passé l'après-midi du 20 à conférer avec les autorités indigènes de

Vinh-Thuy et à organiser, avec le concours de ces braves gens, un véritable service de découverte, le traditionnel procédé usité pour le renseignement (émissaires isolés et non armés poussés en coup de sonde dans les principales directions intéressantes) ayant été reconnu par lui, dans des circonstances semblables, comme manifestement insuffisant. Sous son énergique impulsion, les notables avaient bientôt repris courage et, comprenant qu'il y allait de leur intérêt, s'étaient décidés, après quelques hésitations, à seconder franchement les Français. Des pointes de partisans, véritable équivalent d'une cavalerie légère de ces montagnes, s'étaient portées dès le soir vers Cao-Duong et vers Bach-Sa ; dans la zone immédiate de la marche, un noyau d'auxiliaires devait, en outre, opérer le lendemain en avant de notre avant-garde. Bien que l'action de ces irréguliers dût nous paraître ce jour-là assez timide, elle allait avoir l'avantage d'éclairer un peu notre lanterne sur ce ténébreux sentier de Lang-Muong-Tho.

Le 21 janvier, à 7 h. 30 du matin, après avoir traversé la rivière Claire en radeaux au pied même du poste de Vinh-Thuy, la colonne entamait le mouvement sur Bac-Muc.

En dépit des appréhensions du capitaine Dumestre, la mystérieuse forêt de la rive gauche ne nous réservait aucun piège ; silencieuse et pacifique, elle se contenta, deux jours durant, d'étaler à nos yeux surpris l'inlassable variété d'une richesse sans égale, véritable jardin botanique où toutes les essences du Haut-Tonkin semblaient s'être donné rendez-vous : manguier, arbre à laque, letchis au feuillage de velours vert y alternaient avec l'aloès géant, les fougères et les orchidées, les plantes à poison avec les plantes utiles, ces dernières d'ailleurs plus nombreuses, derniers témoins d'une ancienne richesse locale ou gages des futures prospérités.

Malgré tant d'attraits divers, cette marche en forêt nous parut bien dure sous la pluie diluvienne qui avait, en ces dernières journées, transformé le sentier de Bac-Muc en un bourbier sans nom, et, malgré tous les efforts, il devint évident, dès la grand'halte du 21, qu'on ne pourrait, en une seule étape, atteindre le carrefour de Lang-Muong Tho.

En fin de marche, deux points cependant nous étaient acquis :

1° De l'exploration de Ngoï-Dam, de Bach-Sa et de Minh-Khuong, il résultait que la bande pirate de renfort avait bien descendu le Ngoï-Dam ; mais, impressionnée sans doute par l'activité manifestée depuis deux jours à Vinh-Thuy, avait pris sur sa gauche un sentier de montagnes qui paraissait la conduire directement sur Tam-Ky, sans passer par Bach-Sa ;

2° Les auxiliaires qui devançaient la colonne vers Lang-Muong-Tho ne trouvaient pas trace de pirates, ce qui leur faisait conclure à l'évacuation du poste par les éléments avancés de la bande, d'autant qu'un tram (courrier), envoyé de Bac-Muc par le commandant Lyautey, avait pu passer sans être inquiété.

Quoi qu'il en fût, l'essentiel était réalisé : la route de Bac-Muc à Vinh-Thuy et le cours de la rivière Claire pouvaient être considérés comme libres ; il n'y avait, sans doute, plus rien à prévoir de fâcheux, ni pour la faible troupe du commandant Brenot, ni pour les convois fluviaux à destination ou en provenance des colonnes du Nord.

A la tombée de la nuit, la colonne s'établit au bivouac, en carré, à cheval sur le sentier. « Vers minuit, alerte. Un factionnaire crie : Aux armes ! ayant, dit-il, entendu des craquements suspects dans le fourré. Seraient-ce les pirates ? Non, mais nos chiens rentrent soudain la queue basse sous les lits de camp ; il y a du tigre aux environs. On rapproche les sentinelles (1). »

Le 22, au point du jour, le camp est levé et la marche reprise. Mais déjà les nouvelles arrivent, se succédant rapidement. Une heure à peine après le départ, les éclaireurs ont atteint le carrefour de Lang-Muong-Tho, dont on se croyait bien plus éloigné ; une reconnaissance est poussée vivement sur le poste. Ce n'est d'ailleurs pas aujourd'hui que l'on va pouvoir en découdre ; les partisans nous font savoir que le détachement pirate, nous ayant éventés, vient d'évacuer sa position avancée et de se replier sur Tam-Ky. En même temps (7 heures du matin) nous parvient un second courrier du commandant Lyautey, annonçant l'arrivée de cet officier supérieur, parti le matin de Bac-Muc avec le contingent d'Yen-Bay (détachements Talpomba et Prokos), la colonne Brenot suivant ceux-ci à faible distance.

La première mission assignée à la colonne de secours se trouvait donc remplie : « la route de Ha-Giang était rouverte, la navigation de la rivière Claire rétablie, et la sécurité de la rive gauche assurée », dit la relation officielle. Résultats appréciables d'une victoire sans larmes, mais qu'il importait de rendre définitifs, car tant que la bande d'Hoang-Cao ne serait ni battue, ni rejetée en Chine, la solution du problème ne serait en somme qu'ajournée.

A la suite d'Hoang-Cao.

(Voir croquis n° 1.)

La nécessité d'une action offensive était évidente ; elle ne présentait plus, toutefois, le même caractère d'extrême urgence que la marche hâtive des jours précédents du

(1) Lettres d'un officier.

fleuve Rouge sur la rivière Claire, puisque la bande ne menaçait plus rien directement et se tenait volontairement hors de portée du terrain que nous avions pour mission de lui interdire. Au surplus, avant de songer à la déloger de Tam-Ky, il fallait rassembler les moyens nécessaires, la reconnaître, puis ne s'engager qu'à bon escient ; tout cela devait prendre du temps. En attendant, il était indispensable d'occuper fortement, en face des pirates, la position de Lang-Muong-Tho pour continuer à les tenir en respect et surveiller leurs agissements.

D'accord sur ces divers points avec le commandant Lyautey, le commandant de la colonne ramenait le soir même à Bac-Muc les deux détachements venus d'Yen-Bay, laissant à Lang-Muong-Tho, sous les ordres du lieutenant Ducrot, les 140 fusils amenés de Luc-Yen ainsi qu'un groupe d'auxiliaires indigènes, avec mission de tenir la direction de Tam-Ky et de pousser des reconnaissances prudentes, mais répétées, jusqu'aux abords du repaire.

A Bac-Muc, où une base d'opérations, approvisionnée à vingt jours de vivres et pourvue d'un stock important de munitions, venait d'être organisée par le commandant Lyautey, la journée du 23 janvier fut employée à ravitailler la colonne, à la débarrasser des malades et des éclopés et à jeter les bases du nouveau plan de campagne qui allait avoir pour objet de réduire Hoang-Cao de concert avec les troupes mobiles de Chiem-Hoa et, si possible, le concours d'une section d'artillerie demandée à l'arrière. Un nouveau service de découverte, toujours par des partisans, était organisé et mis en mouvement le jour même, afin de prolonger et d'élargir la zone d'investigation de notre poste de Lang-Muong-Tho. D'autre part, comme on pouvait avoir à craindre que les pirates, ainsi qu'ils l'avaient fait autrefois, ne se décidassent, la région de Tam-Ky une fois mise à sec (ce qui ne pouvait tarder), à se porter par surprise sur la rive droite de la rivière Claire, par Minh-Khuong, Vi-Khé et les rapides du Thac-Haï, afin de marcher sur Luc-Yen, sorte de terre promise pour les écumeurs du haut pays, des instructions furent envoyées au commandant de ce dernier poste pour barrer à la bande la route du col de Ngoï-Nac (point de passage à peu près obligé dans le massif impénétrable du Nui-Mung entre la rivière Claire et Song-Chay) et l'empêcher de se dérober à la colonne Bailly. Tandis que celle-ci se préparait à entamer le mouvement sur Tam-Ky, le groupe de Chiem-Hoa dirigeait des reconnaissances sur la position pirate de manière à aborder celle-ci par l'est (vallée du Ngoï-Hiep), dans les meilleures conditions possibles quand le moment serait venu et en coopération avec l'attaque principale.

Le 23 au soir, coup de théâtre : la bande aurait, disent nos émissaires, évacué le repaire de Tam-Ky et gagné la contrée de Thu-Binh (deux jours de marche nord de Chiem-Hoa).

Si ces renseignements sont exacts, l'opération projetée n'a plus sa raison d'être ; il convient donc de les vérifier sans retard.

Le 24, le commandant Bailly se porte en reconnaissance sur Tam-Ky avec 100 fusils (Européens et indigènes), le reste de la colonne prêt à appuyer ce mouvement en cas d'accrochage.

Marchant avec la plus grande prudence, les premiers éléments de l'avant-garde atteignent à peine les premières pentes boisées qui conduisent au fameux col que des partisans reviennent déjà, confirmant la nouvelle de l'évacuation du repaire.

Si nous insistons sur tant de détails, en apparence dénués d'intérêt, c'est pour faire ressortir comment une situation se transforme d'une heure à l'autre quand on a affaire à des « giacs », pour montrer aussi en passant tout ce que, avec de la volonté... et quelque savoir-faire, on peut tirer de chefs et de partisans indigènes, même si on les a trouvés mal en confiance, terrorisés et démoralisés.

Nous voici au col de Tam-Ky, sur le champ de bataille du 13, où un horrible spectacle nous attendait. Ignoblement mutilés, dévorés en partie par les fauves, les cadavres des braves gens tombés il y a dix jours sous le feu des pirates sont là, épars dans la brousse, exhalant l'odeur effroyable des chairs décomposées. De la bande, plus aucune trace ; depuis la veille nos reconnaissances avaient perdu tout contact. Après avoir enseveli pieusement les tristes débris et rendu à la mémoire des morts les derniers honneurs, nous rentrions le soir même à Lang-Muong-Tho.

. . . .

Il importait de reprendre vivement le contact, car d'un chef aussi avide et aussi familiarisé avec ce pays que l'était Hoang-Cao, il fallait s'attendre à toutes les surprises, et un saut brusque de la bande d'une rive à l'autre, avec Luc-Yen comme objectif, mouvement toujours possible par la région de Vinh-Thuy, eut produit dans le pays l'effet moral le plus désastreux.

Le 25, heureusement, après d'infructueuses recherches de nos partisans, probablement encore trop timides, ceux de Chiem-Hoa, plus audacieux et par suite mieux informés, nous remettaient sur la bonne piste : « La bande, signalaient-ils, avait, au lieu de se porter sur Thu-Binh, pris le chemin de Cao-Duong et paraissait vouloir se fixer près de Nac-Hoc, dans une position formidable. Hoang-Cao, las d'une guerre trop peu fructueuse pour son appétit, aurait passé la main à un sous-ordre, un certain Luc-

Lan-Yé (?), et serait en route pour le nord avec une partie de ses hommes. D'autre part, les pirates, contrairement à ce que l'on avait supposé tout d'abord, avaient été assez éprouvés par l'affaire de Tam-Ky, ce qui n'avait peut-être pas peu contribué à les rendre aussi circonspects au lendemain de leur succès. Enfin, la bande dite « de renfort » serait restée indépendante de la principale sous les ordres du Chinois Tranh-A-Canh, qui, deux jours auparavant, avait pillé et brûlé le village de Na-Vuc (entre Nu-Ma et Bac-Ngoc). »

En résumé, toute menace éventuelle contre la rivière Claire, ligne de communication des colonnes du Nord, était désormais reportée de la zone *Bac-Muc - Vinh-Thuy* dans la zone supérieure *Vinh-Thuy - Bac-Quang*.

L'occupation de Lang-Muong-Tho n'avait plus sa raison d'être et le commandant Bailly décida incontinent de ramener sur Vinh-Thuy tout son monde pour agir, de là, au mieux des circonstances, ou suivant les instructions qu'il allait recevoir, sans nul doute, soit du lieutenant-colonel Vallière, soit de l'état-major d'Hanoï.

Dans la journée du 26 était arrivée la dernière fraction attendue, 60 fusils de la 6e compagnie du 1er tonkinois (lieutenant Guilloteau), en sorte que le lendemain matin 27, au moment où elle rompait de Lang-Muong-Tho pour se porter sur Vinh-Thuy, la colonne de secours comprenait au total 280 fusils, défalcation faite d'une vingtaine de malades et éclopés évacués sur l'arrière. Une nouvelle et précieuse recrue, le lieutenant Bouteloupt, précédemment adjoint au commandant Brenot, venait doubler l'état-major du chef de la colonne, réduit jusqu'à ce jour à sa plus simple expression, un officier.

Nous n'entrerons pas dans le détail des opérations particulièrement ingrates qui vont se dérouler du 28 janvier au 17 février.

Arrivé à Vinh-Thuy le 27 au soir, le commandant Bailly apprenait que la bande de Lé-Chi-Tuan, forte de 200 à 300 fusils, paraissant, elle aussi, s'être dérobée aux coups des colonnes Vallière, s'était réinstallée dans son ancien repaire du Nui-Ken, entre Bac-Quang et Ha-Giang ; un vieux thaï de Bac-Quang, longtemps prisonnier des pirates, mais qui venait de réussir à leur fausser compagnie, assurait que Lé-Chi-Tuan avait l'intention bien arrêtée de se porter sur Yen-Binh (Haut-Song-Con).

C'était une grave préoccupation de plus pour la colonne Bailly, virtuellement chargée, avec ses faibles ressources et le concours plus ou moins problématique du petit groupe de Chiem-Hoa, d'assurer les derrières des colonnes du Nord sur une étendue de pays considérable (80 kilomètres à vol d'oiseau d'Yen-Binh à Bac-Ken).

Faire face à la fois au Bang-Hanh et au Nui-Ken était bien difficile. Il fut paré au plus pressé par l'organisation d'une exploration méthodique, à l'aide d'éléments légers (auxiliaires) de la région du Bang-Hanh (où, comme il a été dit plus haut, les bandes de Tam-Ky venaient de se fixer) et par une surveillance active, quoique bien éloignée, de la direction du Nui-Ken par l'intermédiaire du poste de Bac-Quang.

C'est ainsi qu'on apprend, le 31 janvier, que les pirates du Bang-Hanh viennent de se réunir à Lang-Thac, ancien poste du chef soumissionnaire Mac-Qué-An (quatre heures de marche est de Ba-Xao) et, comme leurs camarades du Nui-Ken, manifestent l'intention de se porter sur Yen-Binh (1). Déjà le sous-officier chef du poste de Ba-

(1) Il semble qu'à ce moment-là un mot d'ordre, émanant sans doute du chef Mac-Qué-An que nous verrons bientôt à l'œuvre de ce côté, ait appelé vers Yen-Binh tout ce qui avait échappé à l'étreinte de nos grosses colonnes du Nord.

Xao signale des tentatives de passage de la rivière Claire par des isolés, et le commandant Lyautey, en route pour Ha-Giang (où, sa mission terminée dans le sud, il va prendre la suite du vaillant commandant Briquelot, épuisé par la maladie) doit, pour s'ouvrir une voie jusqu'à Bac-Quang, faire appel à un détachement de la colonne Bailly.

L'occasion semble venue, cette fois, d'en finir avec la bande ; les 1er et 2 février, les dispositions les plus précises sont combinées pour la surprendre, après sa traversée de la rivière Claire dans la plaine de Trinh-Tuong ou vers Mo-Khé. Ici encore, déception ; après avoir lancé leurs éclaireurs sur la rive droite, nos insaisissables adversaires flairent à temps la catastrophe et se replient à nouveau dans le Bang-Hanh ; plus au nord, un petit groupe, provenant de la bande du Nui-Ken, est passé sur la rive gauche ; il nous sera signalé le lendemain dans la vallée du Ngoï-Pha, à une journée et demie à l'est de Bac-Quang. La colonne s'installe à Ba-Xao, à cheval sur la rivière Claire et au nœud même des directions intéressantes : le *Bang-Hanh* d'une part et le *Xa de Yen-Binh* de l'autre, bien placée, par conséquent, pour remplir la mission qui vient de lui être confiée cette fois officiellement au nom du général commandant en chef par le sous-chef d'état-major, chef d'escadrons Lyautey, à son départ pour Ha-Giang, et qui se résume ainsi : *garde de la ligne de communications* et protection de la zone de l'arrière des colonnes du Nord, spécialement entre rivière Claire et Song-Gam, avec le concours éventuel du groupe de Chiem-Hoa et de tous renforts qui monteraient du sud jusqu'à Tuyen-Quang.

Le 4 février, nous apprenons qu'inquiétée par nos reconnaissances la bande de Lang-Thac semble avoir fondu peu à peu et que ses éléments s'éclipsent l'un après l'autre vers Coc-Rau par Bac-Ngoc.

Nous savons, d'autre part, que ce même jour les commandants Lyautey et Briquelot se trouvent en situation d'immobiliser, dans le massif de Nui-Ken, la bande de Lé-Chi-Tuan. Tranquille, en conséquence, pour la sécurité de la ligne de communications (rivière Claire) et pour la rive droite du fleuve, le commandant Bailly, jugeant sa troupe tout à fait en forme et l'ayant à force d'activité abondamment pourvue de vivres, munitions et moyens de transport (chevaux et coolies, dont 35 coolies chinois envoyés du Delta), décide d'en finir avec le cauchemar du Bang-Hanh.

Le 7 février, la colonne traverse en radeaux la rivière Claire, et se porte sur l'ancien poste de Mac-Qué-An (Lang-Thac), où elle arrive à 4 heures du soir, après une marche des plus pénibles sur ce sol montueux, raviné, glissant comme une aire de patinage par l'effet des ondées persistantes (il en sera de même dans tout le Bang-Hanh). En fait d'ennemis, nous ne trouvons d'ailleurs à Lang-Thac que d'assez nombreux spécimens de ce « typhlops », dit serpent-minute, grand amateur de ruines, et, en dépit de sa mauvaise réputation, absolument inoffensif. Aux indices recueillis, il est aisé de constater que les bandes n'ont fait ici qu'un assez court séjour.

Un poste de 50 hommes y est laissé pour assurer les communications avec Ba-Xao, et, dix jours durant, la colonne fouille obstinément dans tous les sens la région du Ngoï-Xao jusqu'à Lang-Mian et Tu-My.

Dans les ténèbres du Bang-Hanh, plus un être humain ; sous la pluie qui tombe menue, discrète, le silence de ces grandes solitudes boisées impressionne et attriste : de temps à autre cependant un rayon de soleil, perçant la voûte grise des nuages, semble ramener la vie disparue ; ce sont, alors, des sons étranges qui descendent vers nous du sommet des grands arbres, la plaintive mélopée des singes hurleurs, la fanfare stridente de bruyants scarabées que nos tirailleurs baptisent « con mèn-mèn », l'appel de l'oiseau moqueur évoquant à l'oreille une consonance bizarre « Bac-Quang - Bac-Muc », à quoi, facétieux, les Annamites répondent sur le même tòn par le refrain graveleux « Quan-chaû-bou-cac », à l'adresse de leurs bons camarades thaïs ; plus encore que le latin, l'Annamite « en les mots brave l'honnêteté ». Le soleil voilé, tout rentre dans le silence.

Energiquement talonnés par notre avant-garde, les derniers traînards d'Hoang-Cao et de Tran-A-Canh nous glissaient pour ainsi dire dans les mains, nous devançant de quelques heures, parfois seulement de quelques minutes, mais nous échappant toujours.

« Je n'en ai vu qu'un, un cadavre, écrivait plus tard un officier, le plus hideux macchabée qu'on puisse imaginer même en rêve, se mouvant en travers du sentier, littéralement porté par les vers. Un peu plus loin, un campement pirate, abandonné depuis peu ; sous un abri, une pauvre femme de race man, martyrisée par les Chinois, à demi folle de terreur et épuisée par la misère et la faim, tremblait la fièvre. » Partout nous relevions de ces bivouacs, installations parfois assez importantes, dont l'une en particulier avait dû servir à 300 individus au moins ; mais aujourd'hui tout cela était dispersé et, sans grands efforts de tactique, au prix seulement d'un footing acharné par monts et par vaux, le Bang-Hanh fut bientôt nettoyé entièrement.

En arrivant sur la rivière Claire, à Tu-My, le 16 février, nous apprenions que les débris de ces bandes, traqués par les colonnes Audéoud et Betboy, disparaissaient définitivement vers le nord, et que celle de Lé-Chi-Tuan, délogée les 9 et 10 février du massif du Nui-Ken par les commandants Lyautey et Briquelot, venait de subir un vrai désastre.

Le rôle ingrat assigné à la colonne de secours semblait donc terminé, et déjà nous songions, non sans quelque mélancolie, à regagner, avec une trop modeste moisson de lauriers, les paisibles loisirs de nos garnisons, quand enfin l'occasion nous fut donnée de faire à notre tour parler la poudre...

. . . .

Lang-Co-Lum et Mac-Qué-An.

Lang-Co-Lum, modeste village du Haut-Song-Con (à trois jours de marche ouest de Bac-Quang), a joué un certain rôle pendant l'occupation chinoise. Débouché direct du canton de Tu-Long (Yunnan) par Xin-Man et Ta-Niu, dans la région si intéressante du Chau de Luc-Yen, il est, d'autre part, à l'origine de quatre routes assez fréquentées aboutissant respectivement à Vinh-Thuy, Luc-Yen, Pho-Rang, Pho-Lu, sur les trois grandes artères commerciales de la haute région : fleuve Rouge, rivière Claire et Song-Chay.

Mac-Qué-An, lanh-binh (chef militaire) de Tuyen-Quang, sous le régime des pavillons jaunes, y avait une garnison assez importante qui s'y maintint jusqu'à l'occupation française ; à ce moment, quand, les événements ayant mal tourné pour les armes chinoises, Mac-Qué-An se vit dans la nécessité de faire sa soumission, ce fut à Lang-Co-Lum qu'il prétendit se fixer définitivement, bien que la convention le rejetât officiellement sur la rive gauche de la rivière Claire, entre ce fleuve et le Song-Gam. Vivant de ce côté en assez mauvais termes avec ses deux voisins, les chefs pirates Lé-Chi-Tuan et Hoang-Cao, il avait une prédilection marquée pour la région du Haut-Song-Con où, tout en faisant bon visage aux Français, nouveaux occupants, il travaillait secrètement contre eux et guettait patiemment une occasion favorable pour rentrer en campagne. Fils de Chinois et de mère indigène et, par conséquent, plus ou moins ouvertement méprisé par les aventuriers cantonnais de pure race, il avait su, malgré tout, s'imposer dans leurs bandes par une énergie barbare qui n'en était plus à faire ses preuves et par l'intelligence astucieuse dont brillaient ses yeux noirs très vifs, seule distinction, à vrai dire, d'une physionomie atroce. Le grand mouvement pirate fomenté par A-Coc-Thuong, sous l'impulsion de l'ancien régent Thuyet, trouva en lui un chaud partisan, et, en septembre 1895, après avoir adressé à l'autorité française un bizarre exposé de récriminations, il évacuait discrètement, avec la plupart de ses gens, la région où il était cantonné pour aller s'organiser sur la frontière du Yunnan. En décembre, nous le retrouvons près d'Ha-Giang que, de concert avec son ancien rival Lé-Chi-Tuan (entre larrons on finit toujours par s'entendre), il s'efforce vainement d'investir. Battu le 12 au Nui-Ken par le commandant Briquelot, il lâche la partie et repasse en Chine pour se refaire.

Dans les premiers jours de février, ses actions étant remontées, il se trouve de nouveau à la tête de 350 winchesters. A ce moment, il rentre en scène et débute aussitôt par un coup de maître. « Tandis qu'une partie de ses hommes se battait contre nous au Nui-Ken, dit le rapport que nous avons déjà cité, le chef Mac-Qué-An, resté en Chine, y avait reformé une nouvelle bande sous les yeux complaisants des autorités du Yunnan, et longeant notre frontière de l'est à l'ouest, avait pénétré au Tonkin par la haute vallée du Song-Chay, en 4e territoire, tandis que le chef Hoang-Man y pénétrait à l'est de Lao-Kay. Une colonne, formée à Lao-Kay, sous les ordres du commandant Rouvillain-Saguez, du 2e étranger, lancée sur la piste de Mac-Qué-An, avait bien pris son contact, mais n'avait pas réussi à l'arrêter. Passant du

4e dans le 3e territoire, Mac-Qué-An avait pu arriver sans obstacle jusque devant notre poste de *Lang-Co-Lum*, sur le *Song-Con, qu'il avait investi le* 15 *février.* »

Parfaitement renseigné, connaissant admirablement ce pays, qui était le sien, le chef pirate était en droit de compter sur un facile succès. Les circonstances lui étaient au surplus singulièrement favorables.

L'organisation générale de la position et surtout la disposition même du poste français de Lang-Co-Lum (voir croquis n° 5) étaient le résultat d'une conception aussi malencontreuse que possible ; en son état présent, la condition indispensable pour qu'il pût se prêter à une résistance de quelque durée eût été dans tous les cas l'occupation solide, au préalable, par un noyau de soldats réguliers, du petit blockhaus supérieur, lequel n'était malheureusement, faute, paraît-il, d'un effectif suffisant, tenu que par des partisans peu sûrs, sans moral et sans discipline. Il aurait fallu, en outre, que, dès le jour où les mouvements des bandes avaient commencé à paraître inquiétants, les services de sûreté et de renseignements eussent pu fonctionner avec plus de rigueur. Mais, soit insouciance, soit faute de moyens, rien n'avait été fait qu'à moitié ; aussi la surprise fut-elle presque complète et le poste français faillit-il être emporté d'emblée ; les auxiliaires du poste supérieur, surpris par l'arrivée inopinée de la bande, s'enfuirent précipitamment, laissant la place aux pirates. Ceux-ci, tenant dès lors sous leur feu le poste principal dominé à moins de 200 mètres et découvert à la vue sur les trois quarts de la surface, n'eurent aucune peine à le rendre rapidement intenable ; la suprême ressource pour les occupants fut de se jeter contre le parapet ouest et de s'y retrancher hâtivement, vaille que vaille. Pendant ce temps, la bande resserrait l'investissement, puis se portait résolument à l'attaque.

On conçoit quel sang-froid, quels prodiges de valeur et d'ingéniosité eurent à déployer les défenseurs pour arriver à se maintenir dans leur misérable réduit. L'adjudant Dubois, commandant du poste, et son second, le sergent Casal, disposant de moyens dérisoires (29 tirailleurs tonkinois), se prodiguèrent avec l'énergie du désespoir, et grâce à une intelligente activité doublée d'une bravoure sans égale, purent repousser victorieusement le premier assaut.

La situation n'en était pas moins déplorable et, faute d'être secouru à brève échéance, le poste français devait fatalement succomber.

L'intervention inespérée de la colonne Bailly allait le tirer de ce mauvais pas.

De Bac-Quang à Yen-Binh.

(Voir croquis n° 1.)

Le 17 février, à 6 heures du soir, la colonne Bailly arrivait à Bac-Quang, sa mission terminée sur la rive gauche de la rivière Claire ; officiers et soldats, exténués par ces trente jours d'une marche à peu près continue, dont la terrible randonnée du Bang-Hanh, saluaient sans fausse honte la perspective d'un repos bien gagné ; et cependant, quand, ce soir-là, l'enceinte du poste à peine franchie, nos braves Européens se virent offrir poúr toute douceur l'invitation à la marche forcée au secours du drapeau en perdition, presque tous, Français avant tout sous le masque du légionnaire, s'étonnèrent, le barda à peine déposé, que l'on ne fût pas déjà sur la route de Lang-Co-Lum.

Ce soir-là, la situation était la suivante : une lettre que l'adjudant Dubois avait réussi à faire passer, à travers les mailles du filet, au moment même de l'investissement de son poste, venait d'être reçue le matin même, à Bac-Quang, annonçant que la position des défenseurs de

Lang-Co-Lum était des plus critiques et réclamant instamment du secours. Au reçu de cet avis, un détachement mixte de 75 fusils, sous le commandement du capitaine Dambiermont, dernière ressource disponible du cercle de Bac-Quang, était parti en toute hâte ; mais il était hors de doute qu'une fraction aussi insuffisante ne pourrait rien tenter de sérieux contre la bande de Mac-Qué-An, forte de 350 fusils et maîtresse de tous les passages de la montagne ; le cruel souvenir de Tam-Ky était d'ailleurs de nature à ajouter encore à la prudence obligée de ces braves gens. Une solution heureuse ne pouvait donc résulter, en la circonstance présente, que d'une intervention prompte et énergique de la colonne Bailly, disponible à Bac-Quang, par la plus heureuse chance, le 17 février au soir.

C'est bien ainsi que l'entendait notre commandant, même à défaut d'ordres supérieurs.

Le 18, à midi, la colonne, reposée, refaite et ravitaillée dans la mesure indispensable, se portait sur Lang-Co-Lum, par la route d'Yen-Binh-Xa et, sans qu'aucun autre renseignement lui fût parvenu en cours de route, s'arrêtait, le soir, à Nghi-Phi, petit groupe de cases au milieu des rizières, pour y passer la nuit. Penchés sur de rares et informes « topos » de la région, ou l'oreille aux écoutes sur le seuil de leur case pour percevoir l'arrivée des « trams » si impatiemment attendus, le commandant et ses adjoints dormirent peu cette nuit-là. Mais rien ne devait venir.

Le 19 au matin, toujours pas de nouvelles ; la colonne se porte de Nghi-Phi sur Yen-Binh. Enfin, une deuxième lettre que l'adjudant Dubois a réussi à faire passer par un auxiliaire nous touche, chemin faisant, à hauteur de Trinh-Trang : la position du poste est de plus en plus critique, presque désespérée. A Yen-Binh, où nous arrivons à 6 heures du soir, le commandant du poste, lieutenant Palisse, du 1er tonkinois, ne possède aucun autre renseignement sur les assiégés ; il a appris seulement que le capitaine Dambiermont, commandant du détachement de secours envoyé de Bac-Quang, après avoir fait sonder la route de Lang-Co-Lum et reconnu l'impossibilité de surmonter les formidables défenses que la bande y a accumulées, vient de s'arrêter à Lang-Luong.

Le commandant Bailly décide que, vu les circonstances pressantes, la colonne va gagner du terrain par une marche de nuit. Un nouveau détachement de 40 tirailleurs, prélevé sur la garnison d'Yen-Binh et commandé par le lieutenant Palisse, renforcera notre effectif considérablement réduit par les dernières évacuations.

Il est 9 heures du soir : surmontant bravement l'extrême lassitude accumulée depuis plusieurs jours, Français et indigènes se remettent en marche ; bientôt, insuffisamment éclairée par les étoiles qui, ce soir-là cependant (faveur insigne), ont bien voulu se montrer, notre voie s'illumine soudain des torches de bambou qu'en gens très avisés nos braves tirailleurs viennent de confectionner au départ d'Yen-Binh. Nous sommes encore loin de l'ennemi ; le commandant laisse faire. C'est notre première marche de nuit. Comme pour nous tenir compagnie au cours de cette promenade inaccoutumée, des milliers de ces gracieuses reinettes, qu'une voix de basse-taille contractant étrangement avec leur corps exigu a fait dénommer « crapaud-buffle » ou « grenouille-bœuf », ne cessent, du sein de leurs rizières, de nous jeter au passage leur note grave et mélancolique ; nous remontons ainsi la vallée du Ngoï-Ké jusqu'à Lang-Luong où, vers 1 heure du matin, nous nous réunissons sans encombre au détachement du capitaine Dambiermont. Ravi, comme bien on pense, d'une arrivée aussi opportune, cet officier nous expose que, la route principale de Lang-Co-Lum étant coupée près de Lang-Hen, il a convoqué pour le petit jour des guides « mans », grâce auxquels il espérait prendre un sentier de montagne conduisant directement sur le poste.

Le commandant Bailly approuve ces dispositions et, en attendant l'aube, qui va sans doute éclairer notre premier combat, la colonne bivouaque dans l'enceinte d'un poste de partisans (à peu près vide d'ailleurs de sa garnison).

A ce moment, la colonne d'opérations contre Mac-Qué An se trouve définitivement constituée comme il suit :

Troupes de l'ancienne colonne de secours (venues du 4e territoire)........................ (70 hommes malades ou éclopés ont été évacués sur l'arrière depuis le commencement des opérations.)	230 fusils.
Détachement Dambiermont (y compris 33 légionnaires du lieutenant Roziès)................	78 —
Détachement Palisse............	40 —
TOTAL.............	348 fusils.

effectif qui, *a priori*, pouvait paraître nécessaire et suffisant pour disputer, avec quelques chances de succès, le poste assiégé, à une bande très aguerrie de force à peu près égale.

Journée du 20 février. — Affaire du Déo-Ma-Qui.

(Voir croquis n° 1.)

De Lang-Luong, ou plutôt de Lang-Khao (deux heures de marche à l'ouest), deux sentiers mènent à Lang-Co-Lum :

a) L'un, par Lang-Hen, est direct ; c'est celui que l'on sait tenu, au col de Lang-Hen même, par des avant-postes pirates, abrités derrière des retranchements formidables. (Voir le croquis n° 2 pris sur place quelques jours plus tard par le lieutenant Roziès ; c'est un exemple d'organisation défensive... à la chinoise.) Pour surmonter de tels obstacles, il eût fallu ou sacrifier délibérément beaucoup de monde dans une attaque, ou peiner longuement à les manœuvrer par la forêt dense de la région de Lang-Hen. Dans l'hypothèse de l'attaque, on s'exposait d'ailleurs à perdre aussi beaucoup de temps, n'étant pas sûrs de réussir dans une première tentative. Or, dans la circonstance présente, les minutes mêmes étaient précieuses.

b) Le second sentier venait rejoindre à Lang-Tinh celui de Nhé-Do à Lang-Co-Lum, réputé comme suffisamment praticable, et, en admettant que cette voie de grande communication fût barrée par nos adversaires entre Langh-Tinh et Lang-Co-Lum, au passage classique du col du Ma-Qui (ou même ailleurs), la montagne de Lang-Tinh, assez perméable, paraît-il, et percée de sentiers fréquentés par les mans, devait se prêter plus aisément à un déboîtement de colonne.

C'est ce chemin que le commandant Bailly, approuvant la proposition du capitaine Dambiermont, s'était décidé à prendre pour se porter au secours du poste assiégé.

Les guides « mans », qui devaient nous conduire par cette voie, étant enfin là, sous la main, la tête d'avant-garde put, à 6 heures du matin, entamer le mouvement sur Lang-Tinh ; mais, dans cette région, où Mac-Qué-An avait été si longtemps le maître, son influence occulte, grandie du nouveau prestige de ses armes, s'exerçait visiblement sur nos auxiliaires, et, mal secondés par eux, nous ne devions progresser, ce jour-là, qu'au prix de mille difficultés et à peu près à l'aveugle (la carte au 1/200.000^{e}, encore très rudimentaire, ne nous donnant sur le pays que des indications sommaires ou erronées).

La colonne marche dans l'ordre ci-après :

En avant-garde, le capitaine Dambiermont, ayant sous ses ordres 85 tirailleurs tonkinois (lieutenant Palisse, sous-lieutenant Cartigny) ; 33 légionnaires (lieutenant Roziès), soit 118 fusils.

Au gros, l'état-major, le détachement de Bosredon (tirailleurs), le détachement Ducrot (légion), le détachement Guillotcau (tirailleurs), les détachements Talpomba et Prokos, encadrant le convoi, soit 230 fusils.

Le gros des bagages, ainsi que les chevaux, ont été laissés provisoirement au poste de Lang-Luong, en raison des énormes difficultés prévues pour la marche de la journée ; seul un bagage sommaire (munitions, vivres du jour et de réserve, campement indispensable) forme tout le convoi avec le service de santé (Dr Herr) et une partie du troupeau (petits bœufs à la chair coriace, mais en revanche quasi comparables au cheval tonkinois pour l'endurance et l'agilité).

A partir de Lang-Khao, nous quittons la vallée du Ngoï-Ké, c'est-à-dire le chemin direct de Lang-Co-Lum, pour entamer le détour prévu par Lang-Tinh. A ce moment (8 heures), premier renseignement apporté par un montagnard en fuite : « Lang-Tinh est occupé par les pirates. » L'heure du baptême du feu va peut-être sonner ; petite émotion chez les novices.

Presque aussitôt un tram (courrier) nous arrive du poste de Nhé-Do. Avant même d'avoir reçu les demandes de renseignements qu'on lui avait adressées la veille, l'officier qui commande ce poste (lieutenant Labarsouque) a eu vent de notre arrivée, et se doutant que la colonne va prononcer son mouvement par Lang-Tinh, qu'il sait fortement occupé par une partie de la bande, il nous signale la possibilité de tourner cet obstacle par Lang-Man et Lang-Gié.

Mais nos guides et les rares partisans qui nous suivent nous représentent que ce détour nous fera perdre beaucoup de temps et qu'ils ne connaissent que très imparfaitement (?) le chemin en question ; ils paraissent d'ailleurs assez peu disposés, pour je ne sais quel motif qui nous est soigneusement dissimulé, à pénétrer sur le territoire du caï-tong de Nhé-Do. Avec sa résolution ordinaire, le commandant Bailly résout la difficulté en observant que, puisque Lang-Tinh est situé dans un fond et que le sentier de montagne qui débouche sur ce village est jusqu'à présent signalé comme libre, nous avons, en somme, suffisamment d'atouts dans la main pour espérer pouvoir forcer le passage s'il est nécessaire, et qu'il n'y a pas lieu, en conséquence, de modifier l'itinéraire prévu.

La marche continue. Bientôt nous passons brusquement, pour le plus grand dam de nos coolies, d'un parcours assez facile en basses rizières à la montée abrupte et pénible de la montagne de Lang-Tinh. L'ascension prend fin à 11 heures (tête d'avant-garde) ; nous voici sur le sommet qui domine Lang-Tinh ; pas de nouvelles des pirates ; nos quelques partisans ne rendent décidément pas à la main et restent collés aux flancs de la colonne. A midi et demi, nous débouchons enfin sur le village, toutes forces réunies, prêts à tomber sur la bande et toutes dispositions prises pour lui couper la retraite sur Lang-Co-Lum par les pentes qui dominent la position à l'est. Mais nous en sommes, cette fois encore, pour nos frais de tactique ; ce n'est pas ici que les Chinois nous attendaient ; quelques restes de feux, à peu près éteints, nous donnent à penser que les fractions venues jusque-là ont évacué le village depuis plusieurs heures.

Préoccupé de la mission urgente, le commandant Bailly ne donne à sa troupe que le repos indispensable et, à 2 heures, presque épuisée déjà, mais noblement résolue au sacrifice, la vaillante troupe repart. La pensée du devoir à remplir a donné du ressort aux plus faibles ; nos porteurs eux-mêmes, pauvres êtres passifs et frustes, semblent en avoir conscience et, sans maugréer, reprennent courageusement leur fardeau.

Au cours de cet arrêt, cependant, de précieuses indications nous sont parvenues. Sous l'impulsion énergique du brave Nguyen-van-Binh, sergent de tirailleurs et interprète, les partisans se sont mis en quête et quelques montagnards de Lang-Tinh, jusque-là cachés dans la brousse, ont fini par en surgir l'un après l'autre, timidement tout d'abord, mais paraissant, en définitive, disposés à nous renseigner et à nous guider. La route de Lang-Co-Lum, nous disent-ils, est tenue très fortement au Déo-Ma-Qui (col du Mauvais-Génie) ; à 5 kilomètres de Lang-Tinh, sur la ligne de partage des deux vallées, du Ngoï-Tinh et du Song-Con, un ancien retranchement chinois, qui barrait jadis le passage, semble avoir été restauré pour la circonstance et renforcé d'abatis et de tranchées ; le défilé, aux flancs peu praticables, s'annonce comme inabordable de front ou, tout au moins, comme devant nous coûter, en hommes et en temps, très cher à enlever ; deux embuscades, de force moindre, simples avancées de la position principale, sont échelonnées en deçà du col.

Sur la proposition qui leur en est faite, nos guides se déclarent prêts à nous faire tourner cette formidable barrière ; à un quart d'heure de Lang-Tinh, un sentier « man » remonte à droite dans la montagne, et débouche, paraît-il, dans la plaine de Lang-Co-Lum ; c'est celui-là que nous allons prendre. Nous voulons à tout prix éviter l'accrochage, car notre but, bien défini, n'est ni d'escarmoucher, ni de rechercher la lutte ce soir-là ; il s'agit de donner la main aux défenseurs du poste assiégé, de sauver des soldats français près de périr ; il nous faut pour cela apporter dans le plus bref délai, dans leur voisinage immédiat, l'appui moral et matériel de notre présence. Quand nous serons à leur contact, quand ils pourront constater que nous sommes là, nous aviserons aux moyens de les débarrasser par la force du cercle de fer qui les étreint. Pour le moment, il s'agit de marcher et de marcher vite.

Le fameux sentier « man » n'existait plus guère qu'à l'état de souvenir ; à moins d'une demi-heure de son point de départ, il avait complètement disparu dans la brousse. A ce moment cependant, au dire des indigènes qui nous conduisent, nous avons déjà tourné les deux avancées de la position pirate. Mais l'assurance de ces pauvres diables est toute factice et l'on sent qu'ils affirment sans conviction ; bientôt un seul guide nous reste, ses camarades ayant jugé prudent de s'éclipser à la faveur du couvert ; sentiment de leur impuissance, terreur du « giac », idée d'aller nous vendre, quel sentiment les a poussés ? Nous chercherons plus tard quand nous aurons le temps. En attendant, complètement désorienté, le dernier ange gardien qui nous reste et que surveille férocement le doï Binh, conduit à vue de nez la tête d'avant-garde, hésitant, se fourvoyant, nous faisant perdre un temps précieux ; le terrain est d'ailleurs déplorable, et c'est au prix des plus pénibles efforts que nous avançons, bien lentement, dans les hautes herbes d'abord, puis, à mesure que le terrain s'élève, à travers le bambou serré et alternativement le taillis épais et inextricable dont se couvrent les pentes. Il est 4 heures, voici enfin le sommet. Où en sommes-nous exactement par rapport à notre objectif ? La boussole indiquant que nous avons marché dans la direction générale du nord-est, il en résulte que, si nous voulons atteindre Lang-Co-Lum le soir même, il y a lieu de franchir la crête sans plus tarder et de prendre dès maintenant la direction du nord. Mais la nature est contre nous ; le revers opposé de ce chaînon qui, pensions-nous, séparait immédiatement la vallée du Ngoï-Tinh de celle du Song-Con et devait nous offrir jusqu'à Lang-Co-Lum un terrain d'accès praticable, nous apparaît, déception amère, comme à peu près impossible à aborder ; c'est la forêt dense, chaotique, coupée seulement de fondrières et de bourbiers, et sans la moindre échappée sur la vallée du Song-Con. La ligne de faîte, dont notre malchance va nous défendre de nous écarter, est bien jalonnée, il est vrai, par une vague piste *man* saluée avec joie par nos troupiers au sortir de l'enchevêtrement du taillis ; mais cette voie, tout indiquée en d'autres circonstances, ne nous dit rien de bon ici, nous ramenant visiblement de plus en plus vers le nord-ouest, vers le point de passage forcé de la chaîne, l'inévitable Déo-Ma-Qui.

Cependant rien n'est perdu ; nous croyons savoir que le gros des défenses pirates se trouve un peu plus bas que le col lui-même, sur le versant de Lang-Tinh, de sorte qu'au pis aller, en continuant à progresser par notre arête, nous pouvons compter les prendre à revers et déboucher sur le col avec l'avantage tactique que nous procurera le terrain dominant. Quoi qu'il en soit, il y a cent à parier contre un que nous allons avoir à combattre.

Il sera fâcheux de n'avoir pu différer cette première prise de contact et, conséquence presque inéluctable, de ne pas parvenir sans doute ce soir même jusqu'aux abords du poste assiégé ; mais, à quelque chose malheur est bon, et nous avons l'espoir que, puisque notre marche a été éventée depuis le matin, Mac-Qué-An aura nécessairement concentré sur nous toute son attention, et que c'est bien au gros de ses forces que nous allons avoir affaire ; du fait de cette réunion sur le terrain du Déo-Ma-Qui, du plus clair des moyens dont dispose le chef pirate, la petite place aura senti se relâcher l'étreinte et repris du moral en attendant la libération finale qui ne saurait tarder ; le résultat visé va donc être indirectement atteint.

Après une heure d'efforts, sous l'ondée piquante qui fouette au visage, l'avant-garde débouche sur une sorte de petit plateau, épanouissement inattendu de la ligne de crête que nous avons suivie jusqu'à présent. Inquiet de l'allongement de plus en plus considérable qui lui est signalé dans la colonne et voyant que la nuit va tomber, le commandant fait transmettre au convoi l'ordre de faire halte à son arrivée sur ce terre-plein et de s'y installer jusqu'au lendemain, sous la garde de la fraction d'escorte ; le gros des troupes seul va continuer sur Lang-Co-Lum. (Voir croquis n° 3.)

On serre un peu les distances singulièrement relâchées par une marche à la file indienne, trois heures durant, dans le terrain le plus affreux, et la troupe repart en silence. Du plateau, un sentier assez rapide descend dans la direction du col ; à un quart d'heure de là, redevenu presque horizontal, il se déroule sur une arête assez vive dominant à droite et à gauche des pentes qui nous paraissent singulièrement escarpées ; il est vrai que l'on n'en voit pas grand'chose ; depuis notre entrée en forêt au sortir de Lang-Tinh, la vue est restée bornée à quelques mètres de part et d'autre du chemin suivi et nous allons droit devant nous au petit bonheur. C'est cependant le moment de redoubler de surveillance ; l'on approche visiblement du point dangereux ; notre dernier guide a pris la tangente et nos éclaireurs perçoivent déjà des bruissements suspects dans les taillis. Il est près de 6 heures ; les dernières lueurs du crépuscule vont s'éteindre et, dans l'ignorance complète où l'on se trouve de la région et de la distance qui nous sépare encore de Lang-Co-Lum, le commandant se demande s'il ne conviendrait pas de bivouaquer sur place, séance tenante, et de remettre au lendemain la suite de l'opération.

Soudain, un éclair accompagné de la détonation sèche

d'une carabine winchester ; qu'on le veuille ou non, le contact est pris, un tirailleur roule à terre, tué à bout portant. Ce premier coup de feu donne aussitôt du côté adverse le signal d'une fusillade générale, et une nappe de plomb, sifflante et serrée, s'abat comme un filet sur la malheureuse avant-garde ; surpris, nos éclaireurs ripostent à tout hasard ; la section de pointe s'engage à son tour, mais les pirates, utilisant admirablement le terrain qui, comme nous le constaterons plus tard, leur est nettement favorable, prennent rapidement sur elle une supériorité marquée.

Vainement, sous l'inspiration d'une bravoure toute chevaleresque, le lieutenant Palisse, qui la commande, s'est jeté en tête, d'un bel élan, pour essayer d'enlever le passage de vive force ; avant même d'avoir pu aborder l'ennemi, il tombe frappé de deux balles ; avec lui sont tombés aussi le sergent Toucas et huit tirailleurs tués ou grièvement blessés. Dès ce moment, se bornant à un semblant de déploiement sur les pentes abruptes qui enserrent étroitement le sentier sur lequel elle est engagée, la fraction de tête, clouée au sol, se contente de soutenir tant bien que mal ce combat de feux.

Le commandant de l'avant-garde hâte fébrilement l'arrivée du reste de sa troupe qui, sur ce terrain détrempé et glissant, débouche trop lentement homme par homme ; bientôt, les premières escouades couchées, celles qui suivent parviennent à s'intercaler tant bien que mal dans la courte ligne de feu organisée en travers de la piste ; l'affaire va peut-être reprendre tournure.

Cependant, le feu des pirates ne cesse pas ; il fait dans les rangs de nouvelles victimes, et le commandant Bailly, survenant en toute hâte pour prendre la direction du combat, reçoit dans ses bras, le corps traversé par une balle, le sous-lieutenant Cartigny, des tirailleurs tonkinois, qui se disposait à lui rendre compte.

La situation générale est assez grave, car le gros de la colonne, engagé sur la pente qui descend du plateau supérieur, talonne déjà l'avant-garde et, dans quelques minutes, il y aura sur l'étroit espace où l'on se bat, dix fois plus d'hommes qu'on n'en pourra utiliser, véritable cible humaine où le tir des Chinois risque tout à l'heure de faire bien des ravages. Impossible de tenter, dans la nuit, et sur les escarpements qui nous enserrent, un mouvement débordant à peine exécutable en plein jour. Encore moins peut-on songer à la retraite, laissant aux mains de l'ennemi morts et blessés et risquant, sur ce terrain infernalement défavorable, de changer le recul en débandade. Il ne faut pas penser davantage à vouloir jeter au feu sur dix rangs de profondeur tous ces braves gens qui dévalent la pente pour prendre part au combat, et la raison impose ici, contrairement aux principes les plus élémentaires, de se priver bénévolement de la plus grande partie de ses moyens.

Une pareille situation se présente rarement à la guerre ; il faut l'avoir vécue pour en apprécier à sa valeur la cruelle ironie. Réservant donc l'intervention du gros, le commandant fait transmettre aux éléments en arrière l'ordre de faire halte sur place et s'attache, avec les seules ressources de l'avant-garde, à rétablir le combat et à briser la résistance des pirates.

L'un après l'autre, dans l'obscurité déjà profonde, les légionnaires du lieutenant Roziès se glissent à leur tour dans la ligne de feu, la prolongent même, péniblement, à droite et à gauche sur les pentes abruptes, et l'action reprend vigoureusement par un tir soutenu dans la direction principale d'où paraissent venir les coups. Bientôt, accompagnant la riposte des carabines, les hurlements des Chinois indiquent que les fusils 1886 font de bonne besogne. Malheureusement aussi quelques vides se creusent encore dans nos rangs ; de nouveau plusieurs tirailleurs sont fauchés et l'une des dernières balles pirates atteint mortellement en plein front le sergent fourrier Schalutzer, du 3e bataillon étranger. A partir de ce moment, les cris des Chinois se font de moins en moins entendre et bientôt leur tir n'est plus entretenu que par coups isolés. Tout cela n'a pas duré trois quarts d'heure.

Action de nuit, pays inconnu, terrain ultra-défavorable, état d'usure physique de la troupe engagée, conditions climatériques des plus fâcheuses, tout dans cette rencontre a été contre nous ; seuls le moral excellent, surexcité par la pensée du grand devoir à remplir, et la passivité d'adversaires qui, malgré leur bravoure et leur astuce professionnelle, ne sont pas de vrais soldats, nous ont permis de tenir bon et de rester accrochés à ce chemin de Lang-Co-Lum, d'où l'honneur nous défendait de dévier.

Le feu ayant à peu près cessé, les officiers qui restent debout sur le théâtre de l'action, accompagnés de quelques volontaires, se portent en avant du front pour relever les braves gens tombés dès le début presque au pied de la position pirate qu'on sent confusément devant soi à 40 ou 50 mètres ; l'obscurité est complète, on bute dans les cadavres, on tâtonne dans la boue et dans le sang : on se guide à la diable d'après les râles des blessés, les gémissements sans nom des malheureux qui viennent d'entrer en agonie. « Si qu'on frotterait un tison », insinue un imprudent Parigot. Sitôt dit, sitôt fait ; mais l'allumette pique à peine son petit point lumineux dans le noir que de nouveau des balles de winchester, serrées, sèches comme des claques, sifflent à nos oreilles, nous rappelant que l'ennemi est toujours là. La lueur des coups de feu semble éclairer chez l'ennemi d'infernales silhouettes debout accompagnant les projectiles de l'injure immonde qu'affectionne le « giac ». Au milieu d'un silence tragique, ponctué seulement de temps à autre d'une détonation isolée ou d'un appel au secours, nous finissons cependant par venir à bout de notre besogne ; blessés et morts, retrouvés l'un après l'autre, sont transportés vers l'arrière à peu près à l'abri des coups. Dans l'intervalle, le feu a cessé définitivement ; mais les pirates sont toujours là, et, par instants, le bruit de leurs voix nous parvient. Il pleut à torrents, la nuit est noire comme de l'encre. Reprendre la marche sur Lang-Co-Lum, il n'y faut plus songer ; à supposer qu'on puisse, après un nouvel effort, déboucher le soir même sur le versant nord du redoutable col, cette course à l'aveugle en pays inconnu ne nous conduira sans doute à rien qu'à de nouveaux traquenards où tomberont de nouvelles victimes, bien inutiles cette fois ; le plus sage est d'attendre ici jusqu'au jour. On place des postes de sûreté, des éléments de tranchées sont ébauchés sur le front et sur les flancs, et chacun s'installe vaille que vaille pour la nuit.

Heures inoubliables, passées l'angoisse au cœur, la faim au ventre, sous l'averse toujours grandissante, sans feux et sans abris. Epuisés d'émotion et de fatigue, nous restons là, immobiles, jusqu'à l'aube, trop lente à venir, les pieds dans la boue, transis de froid, claquant des dents et, malgré tout, moins préoccupés de nous-mêmes et des malheureuses victimes de la journée que du sort de Dubois et de ses compagnons. « Que sont devenus ceux que nous allions sauver ? » De toute cette nuit, l'obsédante question ne quittera nos pensées ni nos lèvres.

Plusieurs fausses alertes, bruits de pas, bruits de voix, mouvements de torches dans la forêt, achevèrent de tendre les nerfs, déjà fort éprouvés, de nos braves Européens ; mais le combat ne devait pas reprendre. Au petit jour, le lieutenant Palisse succombait à ses blessures et nombre de blessés, qui, en tout autre temps auraient pu sans doute en réchapper, durent leur fin à une nuit passée dans des conditions aussi désastreuses. Dix-huit de nos camarades, dont deux officiers, venaient de tomber au champ d'honneur ; sur ce nombre, dix morts dont un officier.

Journée du 21 février. — Engagement sous Lang-Co-Lum.

(Voir croquis n° 4.)

Au petit jour, un coup de feu inattendu nous arrache à notre torpeur ; on se précipite ; c'est un « prav » légionnaire qui avait, la veille au soir, oublié « un cartouche » dans son magasin et vient de « le » tirer par mégarde ; mais de pirates point, notre première reconnaissance constate l'évacuation de la position ; en arrière d'elle le passage du Ma-Qui est libre. Cependant, une inspection de quelques minutes a suffi pour montrer au chef que l'épuisement physique déjà constaté la veille s'accentue ce matin d'une dépression morale de mauvais augure ; la pluie glaciale, la faim, la fatigue et la fièvre, plus encore que les émotions du combat, semblent avoir pour un moment paralysé les volontés les plus énergiques. Avant de poursuivre l'exécution de la mission, si urgente soit-elle, il est indispensable de rendre à l'instrument quelque chose, l'indispensable, de cette trempe qu'il a perdue. Reprendre incontinent la marche sur Lang-Co-Lum, ne serait-ce pas s'exposer à voir s'égrener une à une sur le parcours toutes les forces vives de la colonne ? Et Dieu sait qu'au lendemain des vides sanglants, irréparables, creusés dans la petite troupe, il s'agit plus que jamais de ne gaspiller ni un homme, ni un fusil. Au surplus, il y a des morts à enterrer, des blessés à panser, des transports à organiser. Tout cela va prendre du temps ; espérons que ce ne sera pas au détriment du grand but poursuivi ; les clartés de l'aube nouvelle dissipent par degrés nos cauchemars de la nuit ; nous songeons que, depuis notre départ d'Yen-Binh, c'est bien à nous que Mac-Qué-An a consacré, à n'en pas douter, une attention à peu près exclusive ; pour venir nous barrer le passage au col du Ma-Qui, il a donc dû se relâcher d'autant du blocus de Lang-Co-Lum, et ceci nous donne à penser qu'en fait, Dubois bénéficie déjà depuis deux jours d'un premier et utile concours de notre part ; la journée ne se passera pas, nous y comptons bien, sans que nous ne lui apportions sous ses murs mêmes le concours visible et effectif de notre présence.

A 8 heures, le convoi, appelé de l'arrière, fait une distribution ; au lever du jour, un bœuf a été abattu ; bientôt des feux sont allumés et sur le même étroit espace où coolies et tirailleurs creusent des fosses pour les morts, nos cuisiniers, stoïques, vont mijoter la soupe pour les vivants.

Les honneurs funèbres rendus, le convoi des blessés organisé et le repas absorbé, il est déjà 11 heures ; encore une heure de repos et les hommes, ragaillardis, se retrouveront dispos pour de nouveaux efforts. Heureux changement, depuis le matin la pluie a cessé de tomber. En attendant le moment du départ, il nous plairait, à nous officiers, d'aller étudier sur place l'organisation formidable du Déo-Ma-Qui (sur le versant de Lang-Tinh), celle dont on nous a tant parlé ; il serait piquant de recevoir de ces bons « giacs » une utile leçon de « barbette » ; mais le temps fait défaut. Nous ne les verrons que huit jours plus tard, à notre retour de Lang-Co-Lum ; il faudra nous borner, pour l'instant, à parcourir d'un regard d'amateurs les défenses sommaires du haut du col, celles où nous nous sommes si fâcheusement heurtés la veille au soir ; un tronc d'arbre, des pierres accumulées, un peu de terre remuée et c'est tout ; mais ce rien, édifié à la hâte, domine légèrement, tout juste de ce qu'il faut, et enfile avec une précision rigoureuse l'étroit sentier aux flancs abrupts où notre avant-garde a eu tant à souffrir ; bien appuyés à droite et à gauche, grâce à l'épanouissement du terrain qu'emprunte la route de Lang-Tinh à Lang-Co-Lum et sur lequel certainement, comme on l'a vu par leurs feux, des fractions de soutien étaient postées, on conçoit que le petit groupe pirate, embusqué en face du sentier « man », se soit trouvé dans d'excellentes conditions pour faire de bonne besogne. Mais, s'il est vrai que nos adversaires aient bénéficié ce jour-là au maximum de leur aptitude spéciale à utiliser un terrain qui d'ailleurs s'y prêtait si bien, non moins que de circonstances évidemment exceptionnelles, n'hésitons pas, d'autre part, à rendre justice à leur flair de partisans et à leur entente parfaite du « renseignement » et de « la sûreté », qui leur a permis d'éventer notre mouvement par les crêtes et de nous tendre une embuscade au bon endroit. Leçon à retenir par ceux de nos jeunes camarades qui n'ont pas encore eu l'occasion de guerroyer dans ces pays et qui seraient tentés de trop mépriser à l'avance leurs adversaires de demain.

Au moment (midi) où la colonne se remet en route, la situation générale est la suivante :

Pas de nouvelles de l'adjudant Dubois ;

Aucun autre renseignement sur les résultats de l'engagement de la veille, que l'évacuation par les pirates de la position du Déo-Ma-Qui ;

Tout contact perdu.

En revanche, on a reçu du lieutenant Labarsouque, commandant le poste de Nhé-Do, un très bon itinéraire de ce poste à Lang-Co-Lum, ce qui va nous permettre aujourd'hui de prendre, sans hésitation possible, la bonne direction. De la plate-forme du Ma-Qui, la colonne s'engage donc par le chemin de droite sur le versant nord descendant en pentes rapides vers les rizières de Lang-Hé. (Voir croquis n° 4.)

Ordre de marche.

Avant-garde (lieutenant Talpomba) : détachements de tirailleurs (Talpomba et Guilloteau) ;

Gros (groupe Ducrot) : détachements Ducrot (légion), de Bosredon (tirailleurs), Prokos (légion) ;

Convoi et arrière-garde : capitaine Dambiermont.

L'avant-garde débouche à peine dans les rizières que déjà les pirates sont signalés ; vérification faite du renseignement, il s'agit simplement d'un brave montagnard de Lang-Hé qui sort de la forêt sur la droite et vient à nous sans trop se faire prier. On l'interroge avidement. Nous démêlons dans ses réponses, traduites tant bien que mal par le fidèle Binh, qu'un groupe de pirates assez important (une cinquantaine au moins), nous devançant d'une demi-heure à peine, vient de passer, se dirigeant sur Lang-Co-Lum, que le poste français tient toujours et que les pirates, certainement démoralisés par l'arrivée inopinée de la colonne de secours, ne sauraient tarder à lever ou ont même déjà levé le blocus. « J'en accepte l'augure, nous dit en riant le commandant ; mais allons toujours achever de les décider. Aussi bien nous avons maintenant plus qu'il n'en faut pour marcher : un itinéraire et un guide. »

Entre Lang-Hé et Lang-Co-Lum, la route franchit un mouvement de terrain assez élevé qui, à en juger par l'aspect général du massif, boisé et tourmenté à plaisir, doit être susceptible d'une bonne défense. Il est fort possible que Mac-Qué-An nous y attende. Pour arriver sûrement au but, nous voici donc plus que jamais condamnés à marcher lentement, trop lentement pour nos impatiences. Depuis le départ, un silence angoissant pèse sur nous ; en dépit des raisonnements de tout à l'heure et sous l'influence des réflexions pessimistes échappées à des impulsifs, l'inquiétude étreint de nouveau tous les cœurs ; chacun se demande s'il est bien vrai, s'il est bien possible que Dubois tienne encore dans son misérable réduit.

A 4 heures de l'après-midi, enfin, la tête d'avant-garde aborde le sommet du col ; pas de Chinois, pas d'embuscade ; la prédiction du brave thaï serait-elle en voie de se réaliser ?

Nous voici d'un bond sur le terre-plein qui domine la route, et nos regards anxieux se portent vers le nord, dans la direction du poste. Aussitôt un soupir de soulagement, de délivrance, s'exhale de toutes les poitrines ; à 1.800 mètres, à vol d'oiseau, au-dessus de l'épaisse forêt qui, de nos pieds, s'abaisse rapidement vers le fond du cirque de Lang-Co-Lum, la vaillante petite place émergeant du milieu des rizières nous apparaît, encore intacte ; aucun ennemi dans l'intérieur, et *sur le réduit le drapeau français flotte toujours.*

Laissant au col même (avec mission de protéger le convoi attardé et de garder notre ligne de communication) le détachement de tirailleurs du lieutenant de Bosredon, le commandant fait reprendre la marche et la colonne dévale sous bois le raidillon qui mène vers Lang-Co-Lum. (Voir croquis n° 5.)

Un peu avant 5 heures, la tête d'avant-garde atteint le bas des pentes et ses éclaireurs commencent à déboucher de la forêt. Tout à coup, de nombreux coups de fusils partent à 300 mètres de nous de la lisière des hauteurs boisées qui ferment le cirque à l'ouest. Par ordre du commandant, l'avant-garde rentre sous bois, se jette vers la droite et, manœuvrant à l'abri de la lisière, pousse sa reconnaissance vers le monticule occupé par l'ancien poste de Mac-Qué-An. Pendant ce temps, les fractions suivantes, se maintenant aussi à l'abri des vues, s'établissent en face de l'obstacle qui paraît être une position défensive sérieusement organisée et s'efforcent de la reconnaître ; mais toute tentative pour sortir des bois est aussitôt accueillie par une grêle de balles d'un ennemi qu'on ne voit pas. Devant l'ancien poste de Mac, l'avant-garde soutenue par le détachement Prokos se heurte, elle aussi, à des défenses soigneusement préparées ; une assez vive fusillade s'engage de ce côté, sans résultats fâcheux d'ailleurs, le terrain nous servant à la fois de masque et de bouclier. Peu à peu, cependant, la situation de l'ennemi se précise ; il devient manifeste que les pirates occupent, sur la rive droite de l'arroyo, le vieux poste du chef pirate ; sur la rive gauche, deux groupes de cases organisés et reliés par des tranchées ; enserrant cet ensemble l'escarpement boisé de la montagne.

La nuit va tomber ; le commandant, appréciant par avance l'inanité d'un acte de force dans un couloir si bien défendu et à une heure aussi tardive, sentant du reste que tout pas en avant conduirait à une nouvelle et inutile hécatombe, donne l'ordre de stopper. Pendant que nos troupes ripostent à la pétarade adverse par des feux calmes et ajustés et que de tous côtés résonne lugubrement la trompe de guerre chinoise, accompagnée des hurlements et des « ni ma ni pi » qui nous sont déjà familiers, le commandant Bailly se porte de sa personne dans la direction du poste de Mac pour essayer de reconnaître *de visu* l'ensemble de la position. D'un certain point de la lisière, en effet, on l'embrasse assez commodément. Au-dessus de la forte avant-ligne à laquelle nous venons de nous heurter, deux points d'appui d'aspect très solide, savoir l'ancien poste de partisans et un blockhaus de construction récente, se détachent du massif, au nord du cirque, et commandent à portée efficace le poste de l'adjudant et la plaine de Lang-Co-Lum. En pleine brousse, un peu au-dessus et à gauche de l'ancien poste des partisans, flotte le pavillon de Mac-Qué-An (rouge et jaune). Un examen rapide de la situation démontre au commandant que, si le chef pirate est décidé à tenir bon, il faudra de toute nécessité, pour délivrer le poste français, enlever au préalable le blockhaus supérieur ; et, si, comme il est à craindre, une manœuvre par la forêt pour arriver à ce résultat peut nous paraître irréalisable, c'est au canon qu'il faudra recourir. Après les espérances qu'on nourrissait tout à l'heure de délivrer Lang-Co-Lum en un tour de main, la désillusion est cruelle ; il faut pourtant en prendre son parti.

Mais l'on ne peut s'éterniser dans ce fond ; déjà la trompe pirate sonne sur nos deux flancs ; il serait désastreux que Mac-Qué-An vînt audacieusement nous tendre une nouvelle embuscade sur notre ligne de communication, sur le sentier qui nous relie au poste du col et à nos convois. La rage au cœur, le commandant fait rompre le combat ; sous la protection du faible mais vaillant détachement Prokos qui, utilisant admirablement le terrain, d'ailleurs très favorable à la chicane, tient tête aux groupes les plus audacieux et de quelques salves bien ajustées, coupe court à leurs velléités de poursuite, la colonne regagne lentement le sommet du col d'où elle était descendue si vite avec l'espoir fondé d'un succès immédiat.

Cependant, en dépit de notre déconvenue, le sort du poste va nous donner dès maintenant moins d'inquiétudes. Dubois connaît notre présence et en tire l'appui moral qui lui manquait ; quant à notre appui matériel, il ne saurait lui faire défaut, puisque nous sommes là, à pied d'œuvre ; Mac-Qué-An a, dès aujourd'hui, sur les bras, deux cent cinquante fusils soucieux de bonne besogne et qui, s'ils ne peuvent se flatter, en présence d'un terrain aussi défavorable et aussi ingénieusement truqué, de le chasser du jour au lendemain de ses positions, comptent du moins l'obliger à n'en plus sortir et châtier sévèrement à l'occasion toute tentative qu'il entreprendrait contre le poste ; c'est là l'essentiel et nous sommes à deux de jeu ; le succès nous viendra par surcroît.

Cette pensée nous console un peu de n'avoir pu entrer d'emblée en libérateurs dans la petite place.

Le 21 au soir, la colonne s'installait au bivouac de Lang-Hé, auprès du convoi de blessés, ayant laissé sur le front, au contact, le détachement de tirailleurs de Bosredon.

Fin des opérations.

Le récit des dernières journées passées sous Lang-Co-Lum n'offre plus beaucoup d'intérêt. En attendant d'avoir sous la main la section d'artillerie de montagne demandée à l'arrière depuis un mois, redemandée pour la circonstance, et qui, en définitive, ne devait pas arriver, le commandant Bailly, renonçant de propos délibéré à l'action de vive force que réclamait une jeunesse ardente, mais dénuée d'expérience, s'employa par tous les moyens d'approche régulière et prudente à desserrer, tous les jours un peu, le formidable blocus.

La présence de la colonne avait eu pour résultat immédiat, dès le 21 au soir, de libérer déjà d'une manière appréciable les défenseurs de Lang-Co-Lum de la terrible contrainte dans laquelle ils vivaient depuis huit jours. Une nouvelle reconnaissance, faite le 22, nous mit en relations par la vue avec l'adjudant Dubois ; ce même jour, un poste spécial de tireurs d'élite, installé sur le versant nord de Lang-Hé (au-dessous du bivouac du lieutenant de Bosredon) commença à inquiéter gravement par des feux ajustés à longue portée les Chinois des deux blockhaus ; à toute heure de la journée les officiers allaient faire au fusil 1886 « un carton » sur les pirates, et tantôt l'adjudant Dubois, tantôt le sergent Cazal, se montrant visiblement à nos jumelles dans leur petite zone défilée sise légèrement à droite de la ligne de tir, rectifiaient aimablement chacun de nos coups par de grands gestes de leur casque, signifiant « plus haut », « plus bas », « plus à droite », « plus à gauche ». Notre tir fut bientôt admirablement réglé, tant et si bien qu'à un moment, dans le mirador qui couronnait le blockhaus pirate et d'où une trompe bavarde nous jetait en défi à toute heure du jour les sonneries rituelles des vieilles bandes, le lugubre instrument s'arrêta court au milieu d'un air de bravoure ; une balle bien envoyée lui avait coupé le sifflet. Nous pûmes constater, quelques jours plus tard, par les empreintes serrées de nos projectiles, relevées sur le bambou dont était fait ce poste aérien, que l'idée de venir faire de la musique en un lieu si peu sûr relevait « d'un certain toupet ».

Pendant que se poursuivait, au col de Lang-Hé, ce concours de tir d'un nouveau genre, des prises de contact incessantes par nos patrouilles, par les groupes de partisans d'Yen-Binh et de Lang-Luong qui, ayant repris du poil de la bête, s'avançaient jusqu'à Lang-Co-Lum par la forêt, entamaient contre la bande une action très efficace de démoralisation. Dès le 23, Mac-Qué-An avait commencé à nous céder du terrain ; un effort désespéré de sa part, la nuit précédente, pour essayer d'enlever le poste, avait échoué, grâce à un rapide mouvement de la colonne toujours aux aguets. Le soir même, nos émissaires pénétraient assez facilement dans le poste avec des vivres et une lettre du commandant ; le 24, une escouade franche de dix légionnaires, commandés par le caporal Lévêque et guidés par le chef des partisans de Lang-Co-Lum et le brave Doï-Binh, constatait le retrait des pirates de l'avant-ligne et réussissait à pénétrer dans le poste à la faveur de la nuit ; grâce à ce renfort appréciable, l'adjudant Dubois était prémuni désormais contre toute nouvelle tentative d'assaut devenue du reste improbable depuis que nous étions là pour y parer. Entre temps, le lieutenant Labarsouque nous avait amené de Nhé-Do un nouveau renfort.

Enfin, après avoir vu Mac-Qué-An perdre successivement tout le terrain qu'il occupait autour de la place, nous apprenons subitement le 27 que la bande vient de plier bagages et de disparaître en deux tronçons, comme il arrive en cas d'insuccès quand la mésintelligence s'en mêle, partie vers Ta-Niu (nord), partie vers Yen-Binh (sud) ; Mac-Qué-An était avec ces derniers.

Le 28 février, la colonne faisait son entrée dans Lang-Co-Lum, où nous étions heureux, après tant d'épreuves, de serrer la main à Dubois et à Cazal et de les féliciter de leur vaillante conduite.

Ayant laissé à Lang-Co-Lum une petite garnison de renfort, ravitaillé le poste et réorganisé ses défenses, de manière à le mettre désormais à l'abri de toute insulte, la colonne allait prendre comme centres d'observations successifs Yen-Binh, Luc-Yen et Pho-Rang pour surveiller les agissements de Mac et le contraindre à se cantonner avec les gens qui lui étaient restés fidèles dans le massif montagneux qui s'étend au sud-ouest d'Yen-Binh, hors des voies de communication les plus importantes, en attendant qu'on pût entamer contre lui une nouvelle campagne. Ce fut, trois semaines durant, une nouvelle série de labeurs sur lesquels nous passons.

Le 21 mars, complètement à bout de souffle après deux mois ininterrompus de pérégrinations et d'aventures, la colonne était licenciée et ses divers détachements renvoyés dans leurs garnisons respectives.

Restaient chargés de conserver le contact de la bande :

Au nord, le capitaine Dambiermont avec les troupes mobiles de Bac-Quang et d'Yen-Binh ;

Au sud, le capitaine Maurandy avec un groupe mixte prélevé sur les garnisons de Pho-Lu, Bao-Ngaï et Pa-Kha.

II

COUI-CAP

Situation initiale.

(Voir croquis n° 1.)

L'expédition du Couï-Cap fut la conséquence nécessaire de celle du Haut-Song-Con. Chassé de Lang-Co-Lum, Mac-Qué-An s'était retiré, comme nous l'avons dit, avec la fraction de sa bande restée fidèle, dans le massif très ardu qui borde à l'ouest la route d'Yen-Binh à Luc-Ten ; là, ce groupe d'une centaine de fusils n'avait pas tardé à devenir comme une sorte de centre d'attraction pour les rôdeurs *en mal de piraterie* qu'on trouve aujourd'hui encore parmi les habitants de ces régions sauvages, auxiliaires et partisans avérés des anciennes bandes. Quelques jours auparavant, Hoang-Man lui-même, chef de vieille réputation qui, d'ordinaire, opérait sur le fleuve Rouge, s'était décidé à associer sa fortune à celle de Mac et à venir le rejoindre à Lang-Co-Lum avec les 200 fusils dont il disposait à ce moment. L'insuccès final de son camarade devant cette place ne l'empêcha pas d'ailleurs de persister dans son projet, d'autant que l'année précédente, une campagne désastreuse sur la rive droite du fleuve Rouge, où les colonnes Goutte-nègre, d'Aubignosc et Bailly lui avaient porté de si rudes coups, semblait l'avoir dégoûté de cette région où tout désormais, habitants compris, était contre lui. S'avançant par le Phong-Nien, Xa-Ho, Muong-May, voie de pénétration classique, Hoang-Man n'eut pas de peine à dépister les embuscades tendues hâtivement sur son parcours par les faibles garnisons de Lao-Kay et de Pho-Lu et à faire sa jonction avec Mac-Qué-An. Dans les derniers jours de mars, la colonne Bailly ayant été licenciée, Hoang-Man et Mac, réunis, commencèrent le pillage en règle de la région de Muong-Chun à Xuang-Giang ; dans les premiers jours d'avril, la route directe d'Yen-Binh à Luc-Yen était coupée.

Le commandant supérieur résolut d'en finir. Par suite des succès obtenus dans la campagne du Nord, des forces importantes devenaient disponibles de ce côté ; on préleva sur elles la colonne Betboy tout entière, soit 350 fusils ; d'autre part, la colonne Bailly était reconstituée au même effectif sur le fleuve Rouge.

C'est ainsi que, le 20 avril, nous trouvons à pied d'œuvre, au sud et à l'est du massif tenu par la bande, 700 fusils et du canon, savoir :

Colonne Betboy (troupes du 3e territoire) : 350 fusils ;
Colonne Bailly (troupes du 4e territoire) : 350 fusils ;
Une section d'artillerie de montagne (lieutenant Gâtard).

La colonne Bailly, dont nous allons continuer à suivre les aventures, était, cette fois, constituée comme il suit :

Etat-major.

Commandant Bailly, de l'infanterie de marine ;
Lieutenant Bernard, de l'infanterie de marine, officier adjoint ;
Dr Binard, médecin de la marine, chef du service de santé.

1er groupe.

Capitaine Maurandy, du 2e étranger, commandant le groupe ;
Détachement de la 2e compagnie du 1er tonkinois (lieutenant Labarsouque, de l'infanterie de marine) ;
Détachement de la 8e compagnie du 1er tonkinois (lieutenant Dumas, de l'infanterie de marine) ;

Détachement de la 16ᵉ compagnie du 2ᵉ étranger (lieutenant Apparuti, de la légion).

2ᵉ groupe.

Capitaine Muller, du 2ᵉ étranger, commandant le groupe ;

Détachement de la 11ᵉ compagnie du 1ᵉʳ tonkinois (lieutenant Léonard, de l'infanterie de marine) ;

Détachement de la 15ᵉ compagnie du 2ᵉ étranger (lieutenant Méchin, de la légion).

Concentration.

Le 23 avril au soir, la colonne était réunie à Lang-Chang, où elle séjournait le 24, en attendant les instructions du colonel commandant le 3ᵉ territoire, qui venait prendre lui-même la direction des opérations.

Le 25 au soir, au moment de l'arrivée à Lang-Chang du colonel de Badens, les renseignements recueillis portaient que les bandes alliées d'Hoang-Man et de Mac-Qué-An, à l'effectif total de 300 ou 400 hommes, étaient installées près de Muong-Chun, dans une position choisie à loisir et où, depuis une semaine, elles semblaient accumuler défenses sur défenses. Au dire du quan-man de Tuy-Deo (centre « man » important à deux heures sud de Lang-Chang), les bandes comprenaient, en dehors des Chinois qui en formaient comme toujours l'élément principal, un assez fort contingent de thaïs de Ban-Ten (village à une journée nord-ouest de Lang-Chang) ; c'est contre ces derniers et non contre les Chinois que le chau-uy de Pho-Rang avait eu, paraît-il, quelques jours auparavant, un engagement assez chaud dont il avait été rendu compte en cours de route au commandant Bailly. Le renseignement visant les thaïs de Ban-Ten pouvait, jusqu'à plus ample informé, passer pour une simple insinuation, étant donnée l'hostilité existante dans ce pays entre races *man* et *thaï ;* toutefois, le fait que Mac-Qué-An était, disait-on, d'origine thaï par sa mère, rendait assez admissible que les gens de la région de Ban-Ten eussent, au lieu de fuir, sinon pris fait et cause pour lui, du moins témoigné à son endroit de dispositions plutôt favorables. Aussi bien nous n'ignorions pas, en nous reportant aux souvenirs des campagnes précédentes sur ce théâtre d'opérations, que les villages thaïs du quadrilatère Nhé-Do, Pho-Rang, Luc-Yen, Yen-Binh, avaient, en général, fraternisé avec les pirates alors que les Mans (Xungs) leur étaient franchement hostiles, moins, il est vrai, par sympathie pour nous que par antipathie pour les thaïs.

Cette question était pour nous de la plus haute importance, car, dans la brousse tonkinoise, qui n'a pas l'habitant pour soi risque fort de marcher à l'aveugle et de ne prendre avec les bandes d'autre contact que celui des embuscades et des traquenards semés à profusion sous ses pas.

Quoi qu'il en soit, le 25 avril au soir, il est décidé que les colonnes Betboy et Bailly se réuniront le lendemain devant Muong-Chun, sous le commandement du colonel de Badens, pour attaquer les deux chefs alliés.

Le 26 avril à midi, la colonne Bailly se portait de Lang-Chan sur Muong-Chun, précédée de l'un des groupes de la colonne Betboy, qui arrivait de Luc-Yen. Le reste de la colonne Betboy, venant de Lam-Duong et Dong-Lang avec l'artillerie, marchait sur Muong-Chun par une autre voie. (Voir croquis n° 6.)

A 3 heures, au moment où notre avant-garde atteint les premières cases de Coun-Co qu'elle trouve brûlé et dévasté, des partisans « mans » nous signalent la présence des pirates de l'autre côté du village. Allons-nous rencontrer une première résistance sur la ligne de mamelons boisés qui séparent les rizières de Coun-Co de celles de Muong-Chun ? Il est permis de s'y attendre et, tandis que la colonne se rassemble, des reconnaissances poussent vivement de l'avant. Il s'agissait, en réalité, d'une simple patrouille de « giacs » qui, sous la menace de l'escouade de pointe, disparaît aussi vivement qu'elle est venue. Cependant, en débouchant dans les rizières de Muong-Chun, nous tombons, à 700 ou 800 mètres, sous le feu d'une fraction ennemie postée vers l'ouest à la lisière des bois ; mal dirigées ou tirées à portée excessive, ses balles n'éveillent d'ailleurs pas la moindre riposte dans nos rangs. A 6 heures du soir, la colonne Bailly était installée au bivouac, sur le mamelon boisé coté 270, à la gauche de la colonne Betboy.

Sous les abris on causa longtemps ce soir-là, et, la ration de tafia aidant, bientôt les imaginations travaillèrent ; car d'un bruit lointain, sourd et régulier, pareil au gémissement de pieux qu'on enfonce ou de troncs d'arbres qu'on fend à coups de hache et qui ne devait pas discontinuer de toute la nuit, les plus entendus de nos brisquards conclurent froidement à l'organisation de travaux formidables dans le camp adverse, de l'autre côté des rizières. « Ah ! mon colon, confiait un légionnaire au chef des partisans qui, sans y entendre goutte, approuvait de confiance avec des « mmh » et des « ya » répétés, ça va salement barder demain matin pour enlever tout ça. »

Journées des 27 et 28 avril. — Affaire de Muong-Chun.

Le 27 avril, conformément aux ordres donnés pendant la nuit sur la foi de renseignements portant que la bande n'a pas fait mouvement, les troupes remontent par la ligne des hauteurs qui borde la rive gauche du Ngoï-Con-Hin à 3.000 mètres environ vers le nord, sur une position choisie pour un rassemblement préalable en face du repaire, et où l'artillerie (réduite à une seule pièce par suite des difficultés du terrain) doit trouver, paraît-il, un emplacement favorable.

Entre temps, le mystère nocturne s'est éclairci. Un brave pilon hydraulique, instrument de paix s'il en fut, a été la cause de l'alerte. Nos patrouilles l'ont aperçu au lever du jour, à 300 mètres du camp, abandonné à sa besogne habituelle, au fil de l'eau, par les habitants en fuite, et décortiquant sans repos ni trêve un imaginaire « paddy ».

A midi, un premier coup de canon, auquel les pirates ripostent vivement, mais à une distance trop grande pour leurs carabines, donne le signal de l'attaque. Tandis que la colonne Betboy, garnissant les pentes de la ligne de hauteurs du Ngoï-Con-Hin, s'engage méthodiquement de front contre le repaire pour accrocher et fixer l'ennemi sur ses positions, la colonne Bailly entame du côté de l'est par le couvert un mouvement tournant de grande envergure, qui doit l'amener sur les derrières de la bande. Mais la forêt touffue, quasi imperméable, et coupée de nombreux accidents, va retarder singulièrement notre marche, si bien que, la nuit venue, lorsqu'il nous faut stopper et dresser nos abris, nous avons tout juste atteint le col qui ouvre la route de Tinh-Yen. Pendant ces quelques heures, canonnade et fusillade se sont fait entendre assez nourries devant Muong-Chun, sur le front de la colonne Betboy ; mais d'après les dernières nouvelles les pirates tiennent toujours.

Le 28, au matin, l'opération est reprise. La mission de la colonne Bailly a été précisée : gagner le col de Than-Long pour couper les communications de la bande et, de là, s'il en est temps encore, marcher sur le repaire de Muong-Chun pour l'attaquer à dos pendant que la colonne Betboy, la maintenant de front avec le nombre indispensable de fusils, s'efforça d'amorcer, puis de resserrer l'étreinte sur ses deux flancs.

Nous allons voir où nous conduira ce magnifique programme, irréalisable en fait, surtout parce que nous manquions du moyen d'action primordial, l'habitant...

La colonne Bailly s'avance sous bois, à la boussole, ouvrant péniblement son chemin au « coupe-coupe ». « La pensée d'en finir avec Mac-Qué-An décuplait notre ardeur, écrivait à quelque temps de là un des participants à cette course au clocher, et nous avions besoin, à vrai dire, d'une ardeur décuplée ; sans trêve ni repos l'avant-garde eut à combattre, ce jour-là, un ennemi singulièrement tenace, la muraille serrée du bambou, à travers laquelle, sur une pente roide, devait être frayé le sentier manquant : besogne rude et méritoire, vrai travail de Romains... ou de tirailleurs tonkinois. Par endroits le bambou faisait place à la forêt véritable, dense et enchevêtrée à plaisir, ténébreuse presque sous le ciel de feu ; le taillis dru, trompeur, y dissimulait d'étranges ressauts imposant ici l'escalade, plus loin la dégringolade fâcheuse et inattendue ; tout le monde, colonel en tête, y allait de bonne grâce. A notre approche, les rares habitants de ce sombre séjour, sauriens et reptiles pour la plupart, se coulaient vivement dans les fourrés ; un moment, sur notre passage, un magnifique serpent vert balança, à 10 pieds du sol, sa spirale menaçante ; puis, d'un preste zigzag, disparut dans la frondaison ; *lubricus anguis*, me dit un caporal de la légion qui avait des humanités. Vers midi nos forces étaient à bout ; une halte s'impose ; hâtivement on se restaure sur le pouce ; mais, fâcheux contretemps, sur le dos rond de la montagne pour une fois l'eau nous manque. Faudra-t-il marcher le reste du jour, se battre même, comme il est probable, la langue sèche et au corps l'horrible supplice de la soif ? Non, heureusement, car nos braves petits Annamites, toujours débrouillards, vont une fois de plus nous tirer d'embarras ; le bambou, le précieux bambou, providence du sol tonkinois, qu'ils savent sonder en connaisseurs, recèle en ses cavités de l'eau potable et fraîche, exquise à nos gosiers altérés. »

Entre temps, comme il fallait s'y attendre, la bataille était déjà gagnée ; mais quelle bataille et quels résultats ! Au moment où la marche va reprendre, des renseignements venus, Dieu sait comment, de la colonne Betboy, nous font connaître que, vers les 10 heures du matin, la bande pirate a évacué ses positions de Muong-Chun et s'est éclipsée sans laisser de traces, vraisemblablement vers le col de Than-Long, assez à temps d'ailleurs pour n'avoir rien à redouter de notre part. En raison du terrain particulièrement difficile, le contact n'a pu être conservé.

Bien que le mouvement de notre colonne ait déterminé en fait l'ennemi à évacuer ses positions, le résultat qu'on se proposait n'est évidemment pas atteint : l'amplitude excessive assignée à la manœuvre a donné aux pirates le temps de reconnaître les dangers de leur situation et de s'y dérober ; c'est pourquoi la colonne Betboy n'a pu obtenir sur le front des résultats décisifs. C'est un coup manqué, une affaire à reprendre, dans de meilleures conditions, il faut l'espérer, si l'on escompte la petite supériorité morale que nous procure déjà, aux yeux des populations tout au moins, ce premier succès, si modeste soit-il.

La marche sur le col de Tan-Long n'ayant pas d'objet, la colonne est poussée directement sur les positions pirates que nous occupons à 4 heures. Nous sommes maîtres du terrain ; mais l'ennemi s'est tiré de l'aventure sans grand dommage, si nous en croyons nos camarades de la colonne amie.

Le croquis n° 6 montre dans son ensemble l'économie du système défensif de la position de Muong-Chun que notre mouvement tournant a empêché l'ennemi d'utiliser :

1° Un ouvrage fermé au point 556, sur la ligne de retraite probable, procurant des vues et une action éventuelle dans les deux sens ;

2° Un blockhaus au point 392 ;

3° Une tranchée à mi-pente d'où 30 à 40 fusils pouvaient battre les rizières à bonne portée.

4° Un groupe de tranchées, murs en pierre sèche, levées de terre, à 235 ;

5° Des postes de tirailleurs sur le mamelon 350 et dans les bois au nord, à 400 mètres du Ngoï-Con-Hin.

Tel était l'ensemble de la position de combat très fortement organisée et très intelligemment assise sur le terrain. (Les pirates n'avaient là, en temps ordinaire, que des éléments de surveillance et séjournaient en permanence dans des grottes naturelles aux points 290 et 295.)

La pensée d'avoir rendu inutiles tant de travaux (d'avoir fait barder les giacs pour la peau, disaient nos troupiers) nous console un peu de notre déception.

Le 28 avril, au soir, la colonne Bailly, laissant à la garde des retranchements conquis un détachement de tirailleurs et de partisans, reprenait son bivouac du col de Tinh-Yen ; la colonne Betboy couchait à Tinh-Yen même (poste de circonstance nouvellement créé).

A la recherche des pirates. — Reprise du contact.

Le contact perdu, la question se posait de savoir comment on allait le reprendre, comment on rejoindrait la bande soudainement envolée, pour lui infliger le désastre qu'elle avait su éviter dans les journées des 27 et 28. Dès le 28 au soir, des renseignements arrivaient, mais singulièrement contradictoires, signalant les uns le retour des pirates à Coun-Bouong, où ils avaient séjourné quelques semaines auparavant ; les autres, leur retraite sur Ban-Ten, où ils venaient de recruter des auxiliaires ; quelques-uns même sur Kien-Coun.

Cette recherche du contact occupa, mais en vain, nos journées des 29 et 30 avril. Au prix d'efforts surhumains, les troupes fouillèrent la région de Cao-Pou et du col de Than-Long (où l'on releva d'ailleurs un bivouac d'une certaine importance) et les vallées du Ngoï-Than-Long et du Ngoï-Co, sans réussir à tomber sur la dernière piste, la seule bonne ; insuccès bien explicable en un pays dont l'habitant était en fuite et avec des moyens d'investigation aussi rudimentaires que quelques auxiliaires craintifs, raccolés presque de force et qui ne se risquaient à lâcher un moment le gros de la colonne que pour nous fausser compagnie. Le 29 cependant, vers les 4 heures de l'après-midi, au moment où les troupes regagnaient leurs bivouacs, l'officier chargé du lever de l'itinéraire, qui suivait l'arrière-garde de la colonne Bailly avec une faible escorte, signala la présence au débouché de Than-Long, sur le versant sud de la vallée, de plusieurs individus armés, d'apparence chinoise, des « giacs » à n'en pas douter, qui, à sa vue, s'étaient rejetés vivement dans la brousse sauvage du massif de Nam-Tian. Mais le lendemain, 1er mai, la valeur de ce renseignement était infirmée par l'arrivée d'indications précises annonçant la présence de la bande dans son ancien repaire de Coun-Bouong ; les Chinois aperçus la veille n'étaient donc vraisemblablement que des maraudeurs isolés ou en rupture d'association.

Le 2 mai, reconnaissance sur Tinh-Yen, d'où un assez

bon sentier de rizières conduit au village de Coun-Bouong (à trois heures de marche) ; la position pirate se trouvait à une heure au delà de ce dernier village. A Tinh-Yen tout finit par s'éclaircir : une pointe sur Coun-Bouong et des renseignements précis donnés par les indigènes font connaître l'évacuation définitive de la position par les deux chefs alliés ; cette évacuation remontait, d'ailleurs, à une date antérieure à l'affaire de Muong-Chun ; seuls, quelques dissidents y étaient revenus. Au dire des notables, en ce moment mieux informés, la bande se trouvait présentement dans la région très difficile du massif de Couï-Cap, entre Nam-Tian et Nam-Cuoc ; ce renseignement confirmait ainsi celui donné par l'ouvrier topographe le 29 au soir. Nous voici donc, une fois de plus, rentrés au bivouac dit « du col de Tinh-Yen », lequel, vu les séjours trop fréquents (et féconds en suites fâcheusement naturelles) que nous y avions faits, fut pourvu, ce soir-là, par les légionnaires, d'une dénomination cambronnesque facile à imaginer. Jusqu'à ce jour cependant, ce séjour odorant ne nous avait pas porté « la veine ». On s'en consolait sous les abris en devisant joyeusement et en vidant, en famille, soi-disant pour *alléger le convoi* et *pour éviter de les voir tomber aux mains de l'ennemi*, quatre ou cinq bouteilles de champagne dénichées dans les bagages d'un généreux « hospodar ».

Le 3 mai, à 6 heures du matin, nous partons enfin sur la bonne piste, dans la direction de Nam-Tian, par les rizières de Coun-Co. A une heure de Nam-Tian, les deux colonnes s'établissent au bivouac (5 heures du soir). Aucun doute n'est plus possible sur la présence des pirates dans le massif de Couï-Cap ; au gué de Ngoï-Tian, qu'emprunte le chemin que nous venons de suivre, un réseau de petits piquets, premier élément d'une organisation défensive non poursuivie, a fait perdre une demi-heure à l'avant-garde. Voici venir d'ailleurs des indications précises ; à notre approche, les habitants cachés dans la montagne ont repris du moral, et les plus hardis se montrent l'un après l'autre à la suite de nos patrouilleurs.

Le capitaine Bels, adjoint au commandant des opérations, a eu l'ingénieuse idée de faire construire, par ceux d'entre eux qui paraissent les plus intelligents, un petit relief en terre figurant en schéma le massif de Couï-Cap avec ses principaux mouvements, ses cours d'eau, lieux habités et les emplacements présumés de la bande pirate. Nous apprenons ainsi, qu'installée dans une position formidable adossée au chaînon principal du Couï-Cap, elle tient par des fractions le village de Nam-Cuoc et les cols de Ban-Ten et de Luong-Co ; si l'on en croit une sorte de proclamation trouvée dans un village, elle paraît résolue, cette fois, à se défendre énergiquement, sans doute dans l'espoir de gagner ainsi la saison des pluies, qui mettra fin aux opérations actives.

Journées des 4 et 5 mai. — Affaire de Nam-Cuoc ou du Couï-Cap.

(Voir croquis n° 7.)

Fidèle à la tactique prudente et avisée dont il ne devait pas se départir, le colonel de Badens avait minutieusement réglé pour la journée du 4 mai l'action combinée des deux colonnes. La colonne Betboy devait marcher sur Nam-Cuoc, occuper de front l'adversaire et s'efforcer, comme à Muong-Chun, de le fixer sur ses positions, tandis que la colonne Bailly, déboîtant à droite par les crêtes avec l'artillerie, se porterait vers le col de Ba-Ten pour tomber sur son flanc gauche et menacer la ligne de retraite. Cette fois toutes les dispositions étaient prises pour que le jeu fût plus serré et la convergence des efforts mieux assurée que lors de la dernière affaire.

A 6 heures du matin, la colonne Bailly, suivie de la

colonne Betboy, rompait de son bivouac, 2e groupe (capitaine Muller) en avant-garde, et remontait le Nam-Tian en suivant presque constamment le lit du cours d'eau. En raison de l'effet de surprise recherché, aucun auxiliaire, sauf les guides indispensables, fournis par le village de Nam-Tian, ne marcha ce jour-là à l'avant-garde.

Le cours du Nam-Tian est rapide. A 8 heures, l'avant garde s'est élevée déjà de près de 100 mètres. A partir de là, la vallée semble s'élargir et une sorte de bief succède à la série de cascades qu'on vient de remonter. Sous peine d'être éventée, la colonne de manœuvre ne doit plus dès maintenant continuer à progresser par la vallée du Ngoï-Tian ; elle va, son rôle l'exige, se défiler aux vues, en entrant sous bois ; la colonne Betboy, au contraire (action démonstrative et combat de front), qui n'a pas le même intérêt à se dissimuler, va poursuivre sa marche par la vallée, droit sur Nam-Cuoc. Sur l'ordre du commandant, notre avant-garde se jette à droite dans la forêt et s'attaque à la croupe fort dure qui domine à l'est le cours du Ngoï-Tian. La pente est raide ; pour les fervents des tours de force, le terrain couvert, coupé, difficile à souhait ; en moins d'une heure (1.500 mètres de parcours) nous nous élevons de 250 mètres.

Un peu avant 9 heures, les éclaireurs signalent tout à coup la présence de l'ennemi de l'autre côté de la vallée, à 1.000 mètres environ à l'ouest, dans un groupe de cases ou d'abris qui avoisine le village de Nam-Cuoc. A travers une éclaircie inattendue de la haute futaie nous distinguons, en effet, très nettement, sans même recourir à nos jumelles, plusieurs Chinois à « cai ao » bleu clair en mouvement aux abords du point indiqué ; quelques feux brûlent assez régulièrement espacés ; une partie notable de la bande, la fraction principale peut-être, doit être là sous les abris. L'idée de lui porter un coup peut-être décisif, dans cette situation de repos complet où elle nous apparaît sans défiance, entièrement désarmée, sans protection contre nos obus, sans moyens même, étant donnée la distance, de nous rendre du plomb en échange de la mitraille, vient à l'idée du général de Badens (1). Aussi bien, les difficultés croissantes du terrain et la peine extrême qu'éprouvent nos coolies à transporter la pièce avec ses approvisionnements semblent donner à craindre qu'on ne puisse l'amener le jour même à pied d'œuvre, à proximité du col de Ba-Ten ; ici, l'emplacement paraît très favorable à son installation. C'est pourquoi, comme un « tiens » vaut mieux que deux « tu l'auras », et au risque de faire évacuer la position avant que notre étreinte ne soit suffisamment resserrée (risque assez peu probable il est vrai, si l'on s'en rapporte à l'intention prêtée aux deux chefs de tenir bon sur ce terrain), ordre est donné à l'artillerie d'actionner sur le champ les abris pirates. Le lieutenant Gâtard, de l'artillerie de marine, connaît admirablement son affaire ; au premier coup de canon, presque au but, grand émoi dans le camp adverse ; en trois coups, le tir est réglé et continue pendant quelques minutes, efficace à n'en pas douter, si l'on en juge par l'agitation extrême qui se manifeste parmi les quelques Chinois demeurés visibles ; rapidement d'ailleurs, les pirates semblent avoir disparu dans la brousse par petits groupes, emportant, s'il y en a, morts et blessés (comme il arrive d'ordinaire, on ne devait relever plus tard sur cette place que des flaques de sang, du riz, des cartouches, des ustensiles abandonnés ; il faut non seulement la surprise complète, mais la surprise immédiate à courte portée, pour espérer pouvoir compter

---

(1) Le colonel de Badens venait d'être avisé de sa nomination au grade de général de brigade.

des cadavres). Qu'a donné cette canonnade ? Nous l'ignorerons jusqu'à la fin.

Après le repos indispensable, la marche est reprise sous bois vers le col de Ban-Ten ; pendant ce temps, la colonne Betboy, parvenue à notre hauteur dans le cirque de Nam-Cuoc, a commencé à prendre le contact de la bande ; c'est entre midi et 1 heure qu'il va échanger avec elle les premiers coups de fusil. Notre progression, à nous, se complique de plus en plus des difficultés énormes du terrain. Il est déjà 2 heures lorsque notre avant-garde, débouchant enfin du sous-bois très dense, arrive devant le flanc gauche de la position pirate, à une demi-heure de marche au sud du col de Ban-Ten (point coté 647); une vallée aux flancs abrupts, large de 500 à 600 mètres, sépare la rizière de montagne où vient de s'arrêter la tête d'avant-garde du chaos de rochers boisés, d'aspect rébarbatif, où les winchesters nous attendent. Se conformant aux instructions qu'il a reçues, le commandant du groupe d'avant-garde (capitaine Muller) dirige aussitôt sur le col de Ban-Ten, pour tenir en ce point l'une des deux lignes de retraite de la bande, le lieutenant Léonard avec la fraction de tête (60 tirailleurs); le reste de l'avant-garde se rassemble à la lisière ; la section de légion (lieutenant Méchin) est cependant presque aussitôt amenée à se déployer pour couvrir par ses feux le mouvement de la fraction de tête ; la position ennemie est fouillée par des feux de salve ; les pirates ne ripostent que faiblement.

Le général, qui arrive en ce moment avec le commandant Bailly, craint que la bande, couverte seulement par une arrière-garde, ne soit en voie de s'éclipser, sans avoir été suffisamment éprouvée par la courte canonnade du matin.

Ce serait une réédition de Muong-Chun ; à tout prix

il faut accrocher l'ennemi. Sur l'ordre du commandant, tandis que le capitaine Muller poursuit avec le détachement Léonard le mouvement sur le col de Ban-Ten, le lieutenant Méchin, avec sa section de légion doublée d'une section de tirailleurs, dévale au pas de course la pente rapide qui mène à l'ennemi et, d'un seul bond, vient occuper, à la naissance de la vallée, un contrefort de relief moyen, à 200 mètres de la position pirate. Son arrivée sur ce terrain découvert est accueillie soudain par un feu des plus violents qui couche à terre le tirailleur N° Mle 911 et le soldat Bureau, de la légion, le premier tué, le second blessé. Avec le plus grand sang-froid, le lieutenant Méchin reforme sa troupe à l'abri de la crête, la déploie méthodiquement et commence contre les groupes chinois, assez peu visibles derrière leurs rochers, une série de feux bien ajustés qui, par moments, à en juger par les hurlements des Chinois, semblent produire de l'effet.

Après une heure de ce duel au fusil où, grâce à un habile emploi du terrain, le détachement Méchin n'éprouve pas de nouvelles pertes, les pirates, las évidemment de brûler leur poudre aux moineaux, se contentent d'entretenir un feu lent par des tireurs de position. Mais nous savons maintenant que la bande est là tout entière.

Cependant, l'artillerie, très retardée par les obstacles du chemin artificiel qu'elle vient de suivre à flanc de côteau au milieu d'un taillis inextricable, avait fini par arriver, elle aussi, à ce fameux point 647, où l'on commençait seulement à voir clair. En quelques minutes les tronçons épars de la pièce sont réunis, ajustés, le canon est en batterie et le feu ouvert sur le gibier qu'a fait lever tout à l'heure le lieutenant Méchin. Les pirates semblent d'abord désorientés par la surprise, et, dans les rochers, retentissent en un effroyable chorus leurs sons de trompe précipités, accompagnés des coutumières imprécations. Mais bientôt nos adversaires se ressaisissent et quelques-uns de leurs adroits tirailleurs, jetés en avant, à bonne portée de nos canonniers, ne tardent pas à ouvrir le feu sur le point 647. L'objectif est bon ; là se trouvent, en effet, sans parler du lieutenant Gâtard et du personnel de la pièce, le général, le commandant Bailly, les deux officiers adjoints, l'officier d'approvisionnement, le docteur, etc. Les balles sifflent serrées et précises ; nous voyons soudain le capitaine Bels tournoyer sur lui-même comme s'il eût reçu un gigantesque soufflet, tomber, et, par une prodigieuse chance, se relever de lui-même, balafré seulement au cou sur quelques centimètres ; puis c'est le tour d'un coolie chinois, qui tombe grièvement atteint. Tranquille au milieu des balles, le lieutenant Gâtard continue à faire pleuvoir mitraille et mélinite sur le repaire ; mais nos artilleurs ont beaucoup de peine à servir la pièce ; mal assise sur une plateforme exiguë, elle se cabre à chaque coup, se déversant une fois sur deux dans les ravineaux qui l'enserrent, et d'où il faut la retirer péniblement à force de bras pour la remettre en batterie ; cependant les tireurs chinois défilés par le terrain des coups du détachement Méchin et n'ayant rien à redouter du 2e groupe de la colonne (capitaine Maurandy), qui est encore très en arrière, peuvent redoubler impunément d'activité contre cette artillerie momentanément sans soutien.

« Assis, bien en vue, à quelques pas de la pièce, sur un rocher d'où je dessinais, par ordre du général, le topo de la position, écrivait plus tard un officier, je sentais autour de ma tête l'air comme zébré de trajectoires de feu qui, peu à peu, se rapprochaient. Je croyais être au champ de tir, figurant... la cible. Cette sensation inaccoutumée me fit donner apparemment quelques faux coups de crayon, car, un moment, je crois, certain thalweg prétendit grimper sur une crête : mais il y a les « grâces » d'état », l'indifférence *in articulo mortis*, la fameuse insensibilité de Livingstone sous la dent du lion, et que sais-je encore ? Bref, je repris mes esprits ; comme le mousse de *l'Epave* sur le point de périr,

Je vis tout mon passé dans un éclair rapide,

le bon pays aimé, la bonne terre de Lomagne, et vous surtout, mes pauvres chers vieux, que je ne reverrais peut-être plus jamais... Un appel bref du général, remettant à plus tard la suite de mon topo, m'invita à... l'abri d'un tronc d'arbre (1). »

La position des canonniers devenant intenable, et une hécatombe effroyable pouvant se produire d'un instant à l'autre, le général donne l'ordre de suspendre le feu et d'abriter le personnel en attendant l'entrée en ligne du groupe Maurandy.

A 2 h. 30 environ, ce groupe avait reçu du commandant Bailly l'ordre de renforcer le détachement Méchin, puis de s'engager de manière à essayer de relier l'action du premier groupe (capitaine Muller) à celle de la colonne Betboy, engagée devant Nam-Cuoc. De grosses difficultés de parcours ne lui permirent de commencer de déboucher sur ce front que vers les 4 heures. Toutefois, à partir de ce moment, la convergence des efforts était assurée et l'artillerie pouvait reprendre en toute liberté son œuvre de démoralisation et de destruction.

Le succès final ne dépendait plus dès lors que du mouvement tournant par notre droite. Dans les ordres initiaux, cette mission avait été assignée à la colonne Bailly tout entière ; on a vu que, par suite des circonstances du combat (emploi spécial du détachement Méchin, puis du groupe Maurandy tout entier), les troupes dis-

(1) Lettres d'un officier.

pénibles pour le mouvement tournant s'étaient finalement trouvées réduites au noyau principal du détachement Léonard (75 tirailleurs environ). « Nous carottons Saint-Privat, disait un lieutenant calé en *art mili.* »

Arrivé un peu avant 3 heures au col de Ban-Ten avec cette poignée d'hommes, le capitaine Muller, se conformant à l'esprit et à la lettre de sa mission, y avait laissé un poste de surveillance et de liaison avec le gros de la colonne, puis, se frayant péniblement une voie dans la brousse extraordinairement puissante, avait commencé à gagner vers l'ouest les pentes d'un mamelon boisé d'où, croyait-on, il serait possible de commander le col de Luong-Co, seconde ligne de retraite éventuelle de la bande. Malgré le taillis, le bambou, les escarpements, le capitaine Muller, persévérant énergiquement dans l'exécution des ordres reçus, finissait par arriver, à la tombée de la nuit, sur le sommet en question. L'on avait de ce point quelques vues sur la gauche de la position pirate et sur les abords de celle occupée par le lieutenant Méchin ; mais l'on était encore séparé par un terrain de bruyères et de bois très denses du col qu'emprunte le sentier de Luong-Co. Il fallut remettre la suite au lendemain.

A 6 heures du soir, le feu cessait sur toute la ligne ; le détachement Méchin se retranchait sur son monticule et toutes les troupes bivouaquaient sur leurs positions, dessinant autour du repaire un gigantesque demi-cercle.

La nuit ne fut troublée que par quelques coups de feu isolés, échangés entre sentinelles ou patrouilles des deux partis.

Le 5 mai au petit jour, pendant que le feu recommençait sur le front, le mouvement tournant se poursuivait sur la gauche des pirates. La colonne Betboy, réussissant à progresser assez sérieusement devant Nam-Cuoc, arrivait au prix de quelques pertes à souder sa droite à la gauche de la colonne Bailly, un peu au-dessous du point 647 ; le groupe Maurandy, de la colonne Bailly, devenu par suite disponible, venait doubler le groupe Muller et lui imprimer une nouvelle impulsion, en occupant tout d'abord le terrain de 647 au col de Ban-Ten inclus, le détachement Léonard pouvait ainsi se consacrer tout entier à sa tâche. Il allait du reste être renforcé successivement d'un peloton de tirailleurs (lieutenant Labarsouque) et d'une section de légion de la colonne Betboy.

Portée de la sorte à environ 200 fusils, la troupe du capitaine Muller poursuivait son mouvement dans de bien meilleures conditions que la veille. Au début de la journée, elle intervenait efficacement par une série de feux de salve qui prenaient d'écharpe une nouvelle contre-attaque dirigée contre le détachement Méchin. Vers midi, en débouchant enfin sur un terrain découvert précédant l'extrême gauche de la position, la petite colonne essuyait un feu assez nourri provenant de la lisière opposée ; mais malgré les obstacles, malgré plusieurs postes pirates dissimulés dans ce terrain de chicane, elle arrivait à prendre pied dans le ravin qui ouvre la route de Luong-Co. L'artillerie, bénéficiant du chemin frayé, arrivait à son tour et balayait de ses obus la direction du col et la ligne générale des défenses chinoises ; criblée de balles et de mitraille, la gauche ennemie finissait par se désagréger et, peu à peu, la bande tout entière se dispersait par petits paquets dans le massif de Couï-Cap, suivie de loin par nos partisans. Sur le front cependant, et notamment en face du point 647, quelques tireurs de position avaient tenu jusqu'au dernier moment, saluant de balles bien ajustées chaque mouvement de nos tirailleurs. Un de ces courageux lascars, embusqué derrière un rocher, à la lisière des bois, y brava tranquillement, ces deux jours durant, les balles et la mitraille et réussit à descendre à lui seul deux ou trois de ces « chiens de Français ». L' « Homme de la montagne », ou plus simplement « Popp », onomatopée suffisamment fidèle du bruit sourd que faisait son arme de gros calibre, est demeuré longtemps célèbre dans les garnisons de Pho-Lu et de Bao-Ha.

Malgré ces deux jours de lutte et une résistance énergique de nos adversaires, nos pertes, grâce à l'emploi facile du terrain, n'avaient pas été très sensibles ; trois tirailleurs tués, deux officiers, un sous-officier, deux légionnaires, deux coolies blessés.

Dans un pays aussi couvert et aussi accidenté, sans chemins, sans ressources, presque complètement inconnu d'ailleurs, même de nos auxiliaires, la poursuite, au sens tactique du mot, paraissait à peu près irréalisable. Devant cette impossibilité constatée, le général de Badens, laissant provisoirement sur place le groupe Dambiermont, de la colonne Betboy, pour occuper la région, prévenir un retour de la bande, rassurer les populations et les rappeler dans leurs villages, se contenta de ramener ses troupes sur Yen-Binh pour les ravitailler et leur donner quelque repos.

Dans la région de Yen-Binh, l'échec de Mac-Qué-An sous Lang-Co-Lum et sa retraite vers le sud avaient, depuis les derniers jours de février, ramené le calme et la tranquillité d'antan ; les indigènes avaient repris leurs travaux et des buffles nombreux, envasés dans les rizières, soufflaient bruyamment sur notre passage. Tout respirait l'insouciance, la quiétude, comme aux plus beaux jours. On n'eût pas dit qu'à moins de huit lieues de là, les pires calamités s'étaient abattues sur des populations de même race et que quelques semaines auparavant, Mac-Qué-An, nouvel Attila, avait fait un désert de la jolie contrée de Tinh-Yen. Blasés sur les méfaits de la piraterie, les gens de ces pays ne s'en soucient que de ce qu'il faut, au jour le jour, pour sauvegarder leur propre existence ; une infortune atavique les a pour ainsi dire rendus insensibles, et la misère présente de leurs voisins ne saurait les toucher.

Pendant l'utile répit octroyé aux combattants, un service de renseignements, assuré simultanément par les partisans indigènes de Tinh-Yen et par ceux (des bons ceux-là) du quan-man de Tuy-Deo, allait permettre d'être fixé sur les suites de l'affaire de Couï-Cap et sur ce qu'il y aurait lieu d'entreprendre pour en consacrer définitivement les résultats.

D'Yen-Binh à Bo-Lam.

Le 8 mai, le lieutenant-colonel Vimard, commandant le 4e territoire, vient rejoindre le général de Badens à Yen-Binh, prêt à reprendre la suite des opérations au cas, utile à prévoir, où les pirates passeraient du 3e territoire dans le 4e, soit pour s'installer dans le Phong-Nien, soit pour regagner la Chine. En dehors des troupes présentement en opérations, le colonel Vimard dispose, sur son territoire, de plusieurs éléments nouveaux pour tenir la campagne et ne demande qu'à déployer, si l'occasion s'en présente, la vigueur et l'énergie coutumières qu'Hoang-Man et Mac-Qué-An ont appris à connaître de réputation à Song-Phong, aux portes mêmes de Lao-Kay ; il est donc aisé de prévoir que la bande qu'on dit déjà réduite aux abois n'en a plus de toute façon pour bien longtemps à vivre, qu'elle reste dans le territoire ou qu'elle en change. De vagues bruits signalaient même la veille au soir, qu'Hoang-Man avait, depuis Couï-Cap, définitivement tiré son épingle du jeu et abandonné Mac-Qué-An à son malheureux sort. (Voir croquis n° 1.)

Le 9 mai, notre fidèle allié Phung-Kien-Thieou, quan-man de Tuy-Deo, nous signale la présence des pirates près de Kien-Coun. Venue de Couï-Cap par Luong-Co, la bande allait sans nul doute prendre le chemin classique « des Mans Xung », de Lang-Kanh à Xuan-Ky, pour se porter de là soit sur Nhé-Do et Lang-Co-Lum, soit sur Muong-May et le Phong-Nien.

Ce fut en effet ce qui arriva.

Pendant que les troupes d'opérations, réduites désormais pour les facilités du ravitaillement et du déplacement en montagne à la colonne Bailly renforcée seulement du groupe Dambiermont et de la pièce d'artillerie, se reportaient vers Tinh-Yen pour se tenir à portée d'agir au mieux des circonstances, on apprenait que Mac-Qué-An, décidément lâché par son allié, s'installait avec ses routiers à une journée à peine au nord-ouest de Kien-Coun, sur le fameux sentier de Xuan-Ky.

Passons rapidement sur une nouvelle série de marches. De Yen-Binh à Luc-Yen la colonne serpente au milieu des rizières, par une chaleur d'étuve, sous le soleil brûlant de la saison qui commence. L'ère des orages et des pluies paraît ouverte ; de temps à autre des torrents d'eau s'abattent sur nous et déjà les arroyos nous semblent démesurément grossis. Dans les bas-fonds, des mares innommables subitement enflées nous barrent le passage ; on y enfonce jusqu'au ventre, cherchant du pied le lit de branchages et de vieux rondins sur lesquels, deux semaines auparavant, nous passions à pied sec. La nuit, la danse effrénée des moustiques ajoute un nouveau supplice à tous les tourments endurés pendant le jour. Décidément la période favorable aux opérations militaires touche à son terme ; il est temps d'en finir avec Mac-Qué-An.

Le 12 mai, la colonne cantonnait à Luc-Yen ; le 14 au soir, elle était à Kien-Coun, à portée de la région suspecte. (Voir croquis n° 8.)

Son effectif comportait à ce moment :

11 officiers, 60 hommes de troupe européens, 224 tirailleurs indigènes, soit 284 fusils répartis en trois groupes très réduits commandés par les capitaines Dambiermont, Maurandy, Muller ; en résumé, véritable colonne de poursuite.

Le convoi (cinq jours de vivres) comprenait 125 coolies et 27 chevaux de bât.

Nous avions appris, ce jour-là, que les pirates venaient de brûler les villages de Long-Vui et Na-Cuong et que les habitants de cette malheureuse région avaient dû fuir dans les parties les plus inaccessibles de la montagne, abandonnant cases et cultures au pillage et à l'incendie.

Le 15 mai, à 5 heures et demie du matin, la colonne, guidée par les mans de Kien-Coun, se porte sur Long-Vui. De Kien-Coun on peut déboucher sur ce dernier village, soit par l'ouest, soit par l'est, en s'élevant dans les deux cas sur le flanc d'un massif assez élevé qui domine les rizières de Long-Vui et de Bo-Lam. Nous prenons le sentier de l'est, réputé le plus court, et après une marche fort dure, constatons qu'à Long-Vui il n'y a plus de pirates, à Na-Cuong pas davantage. Brisés de fatigue, nous bivouaquons en ce dernier point le 15 au soir.

Journées des 16 et 17 mai. — Affaire de Bo-Lam.

(Voir croquis n° 8.)

A 6 heures du matin, la colonne se reporte sur Long-Vui, 1er groupe (Maurandy) à l'avant-garde. Un service de découverte, organisé pendant la nuit sur de nouveaux indices est assuré par les braves mans de Kien-Coun, a été mis en mouvement dès le point du jour ; mission : sonder la région de Long-Vui à Bo-Lam, à la fois par la montagne et par les rizières, et s'efforcer, chemin faisant, de décider les habitants rencontrés dans les hauts sommets à venir rallier la colonne pour la renseigner et la guider. Pendant que nos limiers sont en chasse, la colonne s'arrête en position d'attente, près du village de Long-Vui, surveillant la direction de Bo-Lam où les vagues « on dit » de la nuit dernière ont signalé la présence de l'ennemi.

A partir de 10 heures, les renseignements se succèdent et quelques guides volontaires nous arrivent de la brousse. A 11 heures, nous tenons de source certaine que les pirates ont installé leurs abris au-dessus du village de Bo-Lam, au milieu de rochers difficilement abordables par le nord, c'est-à-dire par les rizières ; vers la montagne, au contraire, leur bivouac est dominé à courte portée par les escarpements boisés du massif, et de ce côté, paraît-il, les pirates ne se gardent pas ; en revanche, le terrain qui sépare Long-Vui de la grande croupe inclinée sur Bo-Lam et d'où l'on peut commander le repaire, s'annonce, nous dit-on, comme un musée de difficultés et il est fort à craindre que nous ne puissions nous y faire suivre de l'artillerie. Mais nos coolies chinois sont de la race des pirates et, comme eux, passent partout. A notre proposition d'escalader des pentes abruptes, effroyables, canon et munitions sur les épaules, le doï-coolie (chef de section des porteurs), gaillard à puissante carrure, acquiesce sans hésiter, moyennant la promesse d'une légère gratification supplémentaire, avec le sourire calme du monsieur qui en a vu bien d'autres.

A midi, le camp est levé, et négligeant le commode sentier de rizières qui, en moins d'une heure, nous conduirait droit et sans peine sur Bo-Lam, nous attaquons allégrement le gigantesque morceau. Précédés du groupe Maurandy qui nous ouvre la voie, le coupe-coupe à la main, nous voici décrivant à travers le massif encore inviolé, un vertigineux arc de cercle, qui va nous permettre de tomber, comme du ciel, dans le dos des pirates chinois.

Fort bien guidés par les mans, nous progressons lentement mais sûrement vers notre premier objectif qui est la ligne de faîte de la croupe descendant sur Bo-Lam ; et à 3 heures, grâce à l'admirable activité déployée à la tête d'avant-garde par le peloton de tirailleurs du lieutenant Labarsouque, le groupe Maurandy avec l'état-major et la pièce débouchent sur le dos de la fameuse crête, à 300 mètres au-dessus de notre point de départ. Le parcours accompli dans ce sous-bois montueux, dense, au sol glissant, enchevêtré de plantes parasites, coupé de ravins et de chutes d'eau, eût pu assurément faire honneur à nos meilleurs bataillons alpins. Mais tout n'est pas fini ; nous sommes encore assez loin du repaire, et pour compter bénéficier de la surprise, il faut évidemment prendre le contact dès ce soir, avant la tombée de la nuit. A 4 heures, la tête de colonne atteint le sommet coté 890, d'où à travers les arbres, nos guides nous montrent, à 800 mètres environ, la position pirate constituée par deux mamelons rocheux et couverts, dont l'un (840) domine immédiatement le village de Bo-Lam.

Toujours éclairée à distance par les partisans mans, l'avant-garde se porte en avant, à la faveur du couvert, pour reconnaître la position, chercher une base d'attaque plus rapprochée et délimiter aussi exactement que possible les emplacements occupés par la bande. Au bout d'une heure, tandis que la colonne achève de se rassembler en arrière du point 890, le capitaine Maurandy fait savoir que les pirates manifestent de l'agitation et semblent avoir éventé nos reconnaissances, qu'ils tiennent aussi le mamelon 790 et qu'il serait impossible de se déployer, le cas échéant, sur l'arête rocheuse de plus en plus étroite que suit l'avant-garde et qui rappelle sur plus d'un point le terrain douloureusement célèbre du Déo-Ma-Qui. Le commandant, ne voulant pas s'exposer à voir renouveler l'hécatombe du 20 février, alors surtout que la nécessité d'un sacrifice sanglant n'est nullement imposée par les circonstances, rappelle discrètement son avant-garde et se contente de faire débroussailler activement les abords de la cote 890, de manière à procurer des vues à l'artillerie à qui va revenir le soin de produire sur l'adversaire le terrible effet de surprise auquel on semble toucher après tant d'efforts.

A 6 heures, au moment même où des patrouilles ennemies, apercevant au-dessus des abattis quelques-uns de ces kakis tant redoutés, commencent à diriger sur nous un feu assez vif, le premier coup de canon est tiré et l'œuvre de destruction commence. Les pirates essayent de riposter, mais leur feu, inefficace par suite de la distance, ne peut rien contre les paquets de mitraille bien encadrés à droite et à gauche par des salves de fusil 86.

La nuit met fin à ce tir à la cible et les troupes bivouaquent sur place, en attendant que le jour nous permette, soit de reprendre l'action, soit de nous contenter d'aller en constater les résultats.

Le 17 mai, à 5 heures du matin, avertis par nos partisans que des mouvements sont encore visibles sur la position adverse, nous déclanchons à nouveau sur elle le déluge de fer et de plomb. A 9 heures, les mans viennent dire que la bande a évacué le premier mamelon pour se reporter tout entière sur le second au-dessus du village de Bo-Lam. Le tir est allongé en conséquence et l'avant-garde reprend le mouvement offensif interrompu la veille. Mais les Chinois ne l'attendent pas, et, sous sa menace, ils évacuent le second piton comme ils ont fait du premier. A 11 heures, nous occupons la position où des flaques de sang, des nattes, des ustensiles, des provisions nombreuses, des cartouches, le tout abandonné en hâte sous quelque coup heureux de mitraille ou de mélinite, dénote le désarroi, la débandade, la fin.

Nous apprenons à ce moment que l'intervention inattendue par l'ouest de la position d'un détachement venu du 4e territoire (capitaine Kolb de l'infanterie de marine) a contribué à précipiter la débâcle de Mac-Qué-An.

Fin de la campagne.

Simple manœuvre alpine suivie d'un tir à la cible, la journée sans larmes de Bo-Lam n'en consacrait pas moins les résultats de la campagne.

La bande de Mac-Qué-An, abandonnée déjà par le contingent thaï de Ban-Ten et par le plus grand nombre des gens d'Hoang-man à la suite des journées de Muong-Chun et de Couï-Cap, réduite de ce fait à une centaine de fusils, était tombée depuis le 6 mai dans la désorganisation la plus profonde. L'énergie seule de son chef pouvait retenir encore la faible élite restante dans cette région du chau de Luc-Yen, où il avait compté jadis comme seigneur de haut vol et que, malgré ses infortunes, il lui répugnait de quitter pour aller se réfugier dans la Chine inhospitalière, dans ce pays où tout le monde le méprisait, comme un sang mêlé, un vulgaire pourceau de thaï. Il n'était vraiment chef que dans ces montagnes dont il connaissait tous les détours et où sa volonté de fer, sa merveilleuse entente du « métier », en avaient imposé aux plus indépendants. Cette fois cependant, son autorité éphémère, son prestige, allaient sombrer pour toujours. Après Bo-Lam, lâché avec désinvolture par presque tout son monde, traqué par les vaillants partisans de Phung-Kien-Thiéou, Mac-Qué-An erra, misérable et affamé, suivi d'une trentaine de fusils désespérément attachés à sa fortune. Cette poignée d'aventuriers représentait tout ce qui restait d'une bande de 350 fusils. Les résultats obtenus par les deux colonnes Bailly dans les campagnes de Lang-Co-Lum et de Couï-Cap étaient donc fort appréciables ; il n'est pas excessif de prétendre que l'autorité supérieure, préoccupée surtout des opérations des grosses colonnes du nord et de l'organisation des régions frontières, les a peut-être un peu méconnus.

A quelque temps de là, nous retrouvons les traces de Mac-Qué-An dans le Phong-Nien où, ayant de nouveau partie liée avec Hoang-Man, et avec une énergie digne d'une meilleure cause, il est occupé à reformer une nouvelle bande destinée à opérer entre le fleuve Rouge et Song-Chay, dans la région classique de Muong-May. Cette dernière tentative fut d'ailleurs promptement réprimée par une action énergique des forces mobiles du 4e territoire, dans laquelle se distinguèrent les capitaines Maurandy et Colonna d'Istria. Mais ceci sort du cadre que nous nous sommes imposé.

La campagne d'hiver de 1896 avait sonné dans tout le bassin de la rivière Claire le glas de la grande piraterie, qui avait pu se flatter, quelques mois auparavant, d'y reconquérir brillamment tous ses avantages perdus ; en tout cas il est permis de penser que si le haut commandement n'y avait avisé en temps utile, la levée de boucliers de ce grand recruteur que fut A-Coc-Thuong et des chefs indépendants de moindre importance, Hoang-Cao, Mac-Qué-An et Hoang-man, habilement fomentée et exploitée par Thuyet, aurait pu porter un coup redoutable à l'assiette de notre domination dans le Haut-Tonkin.

Sous le masque d'A-Coc-Thuong, aux visées, en somme, plus mercantiles que politiques, se devine d'ailleurs dans toute cette affaire la vraie tête du mouvement, l'ancien régent de la cour d'Annam, ce violent agité dont le mot d'ordre, remontant à l'année 1887, semble avoir été constamment « le succès par la terreur ». C'est à lui surtout qu'il faut imputer le caractère aigu de la guerre que jusqu'en ces derniers temps nous firent les bandes pirates : incendies, massacres, dévastations systématiques procédaient de son inspiration ; Déo-Van-Tri, chef des thaïs blancs de la rivière Noire, et son âme damnée d'autrefois, nous a édifiés à ce sujet. Nos excellentes troupes coloniales se chargèrent heureusement de couper court aux ambitions sanglantes, aux atroces fantaisies de cet Attila au petit pied.

Le 19 mai au soir, laissant aux gens de Phung-Kien-Thiéou le soin de débarrasser pour toujours le pays des restes de la teigne pirate, la colonne Bailly rentrait à Pho-Rang et, après avoir constaté par son service de renseignements que l'ordre se rétablissait partout, et que les habitants réintégraient leurs cases depuis si longtemps abandonnées, elle quittait sans trop de regrets, le 23 mai au matin, les rives ingrates du Song-Chay pour regagner ses bonnes garnisons du fleuve Rouge.

III

POIGNÉES D'OBSERVATIONS

« L'art de la guerre est simple et tout d'exécution ». Ses règles générales sont immuables, *étant fondées sur le bon sens*, et les tacticiens ont le droit d'affirmer que demain, comme aujourd'hui et comme hier (quels que soient le pays, l'armement et la valeur respective des adversaires en présence), les notions du renseignement, de la sûreté, de l'économie des forces, de l'unité de direction, de la liaison des efforts, domineront nécessairement la conduite de toute opération militaire, qu'il s'agisse de la plus modeste échauffourée aux colonies ou du formidable duel des champs de Lorraine. Ce qui ne veut pas dire assurément qu'on ait tout appris de la guerre quand on en a retenu les principes essentiels, puisque, au dire du Maître, l'art de la guerre est avant tout un art d'exécution ; chacun sait, en effet, que les principes ne valent que par leur application, et tous ceux qui ont guerroyé *peu ou prou* s'accordent à dire que l'application exacte, par un chef, des axiomes de guerre fondamentaux à une situation donnée ne peut résulter, à défaut d'une intuition supérieure évidemment très exceptionnelle, que d'un sérieux apprentissage personnel préalable ou, tout au moins, du bénéfice d'expériences fournies par d'autres sur un terrain et dans des conditions comparables. Plus favorisés à cet égard que leurs camarades des troupes métropolitaines, les officiers coloniaux ont jusqu'en ces derniers temps reçu pour la plupart l'enseignement de la guerre par la guerre. Dès aujourd'hui cependant, la conquête coloniale étant terminée et la pacification gagnant chaque jour du terrain, les écoles individuelles tendent à devenir plus rares, et le jour ne tardera pas où nombre d'officiers des troupes coloniales devront, pour s'instruire, se contenter d'en appeler, eux aussi, à l'expérience de leurs devanciers. Ici encore ils seront avantagés. Alors qu'un malaise profond, indéniable, pèse, aussi bien au delà qu'en deçà des Vosges, sur le haut commandement, les corps d'officiers et les cadres inférieurs eux-mêmes du fait de l'ignorance des conditions exactes de la guerre de demain, de cette conflagration formidable où de nouveaux et essentiels facteurs, le nombre, les voies ferrées, l'armement à tir rapide joueront un rôle insoupçonné jusqu'ici, sur notre terrain colonial, en revanche, on peut dire que l'expérience est faite, qu'elle est récente, complète et répond à toutes les éventualités (1). Sur chacun de ces vastes champs d'action qui s'appellent le Tonkin, l'Afrique occidentale, Madagascar, vingt ans d'effort persévérant d'officiers et de soldats faisant la guerre « pour de bon » ont mis progressivement en lumière des procédés qu'on a fini par reconnaître efficaces, une méthode rationnelle, nous dirions volontiers une tactique si le mot, pourtant clair et commode, n'était, par son apparence dogmatique, de nature à effaroucher certains esprits. Ces données d'expérience demanderaient, il est vrai, à être codifiées. Non qu'on doive songer à en déduire *une méthode de guerre, générale*, uniformément applicable à toutes nos colonies ; le bon sens s'y oppose. Mais il serait utile et il paraît d'ailleurs possible de synthétiser largement, pour chaque région caractéristique (militairement parlant), les diverses écoles dont elle aurait été le théâtre. Les éléments ne manqueront pas pour ce travail, s'il est vrai

(1) Nous ne parlons pas, bien entendu, de la *défense des colonies contre un ennemi extérieur*, hypothèse dans laquelle la grandeur des moyens mis en jeu et la violence particulière du conflit (pour l'Indo-Chine en particulier) évoqueraient sans doute l'image des guerres continentales.

qu'il ne soit pour ainsi dire plus de point de notre domaine colonial où, prenant la plume après l'épée, un officier studieux n'ait retracé les diverses étapes de son apprentissage personnel et jalonné, pour ses continuateurs, la ligne de conduite à suivre et qu'au prix de quelques derniers labeurs particuliers le cycle entier doive bientôt se trouver parcouru.

L'utilité de ces monographies, suffisamment générales tout en restant pratiques, ne serait pas contestable, car, en dépit des progrès certains de la pacification, nous n'avons pas le droit de penser que dans la France d'outre-mer la guerre intérieure ait dit son dernier mot. Tant qu'il y aura des Chinois en Chine, il y aura des pirates dans le Haut-Tonkin ; le Soudanais guerrier éprouvera toujours le besoin de faire parler la poudre ; et les événements de 1905 montrent bien qu'à Madagascar tout n'est peut-être pas fini. Les coloniaux ont donc pour devoir d'étudier et de préparer leur guerre.

Désireux d'apporter notre modeste pierre à l'édifice, nous venons de retracer des faits vécus et des émotions ressenties et nous voudrions, dans la même intention, sans sortir des limites étroites que nous nous sommes imposées, essayer de déduire quelque *théorie* de ces quatre mois de *pratique* en faisant ressortir, dans leurs grandes lignes, les procédés mis en œuvre au cours de notre petite guerre (à la fois guerre coloniale et guerre de montagnes) par un chef de grande expérience, qui fut, on peut le dire, un véritable professionnel de ces sortes d'opérations.

Caractéristiques de la guerre de montagne.

Qui dit « montagne » dit « effort, difficultés ». Sans aller au Tonkin, notre frontière du Sud-Est en est pour nous un proche et permanent témoignage. Il est d'ailleurs intéressant, à titre de point de départ et de base certaine pour notre étude, de constater des analogies extérieures frappantes entre les traditions et les méthodes de nos excellents spécialistes des Alpes et celles consacrées par quinze ans de campagnes dans le haut pays tonkinois.

Ici et là, les mêmes causes ont produit les mêmes effets. « Les régions montagneuses, écrivait, il y a six ans, un de nos plus brillants alpins, le colonel Latour d'Affaure, autant par leur pauvreté en vivres, en cantonnements, et la rareté de leurs voies de communication que par les difficultés mêmes du terrain, constituent des théâtres d'opérations bien différents de ceux que présentent les régions de plaines ou moyennement accidentées. La force numérique des troupes qui y peuvent être appelées à opérer ne saurait être que relativement faible ; plus faible encore sera le nombre de celles qui pourront agir sur le même champ de bataille...

» ... La guerre de montagne est une guerre de mouvement. Tout y consiste à *se porter sur les flancs et les derrières de l'ennemi pour l'obliger à se retirer* (ou à venir vous attaquer sur une position choisie que les obstacles du terrain rendent imprenable). Pour faire une pareille guerre, il ne faut pas être rivé à une ligne de communications unique, d'où ressort la nécessité d'avoir sur le théâtre des opérations des dépôts de vivres et de munitions à l'abri des entreprises de l'ennemi, où viendront se ravitailler les colonnes muletières des corps de troupe et qui seront ravitaillés eux-mêmes par les envois de l'intérieur... La vie sur le pays est une impossibilité absolue, il n'y a de sûr que le recours aux magasins. »

En se tenant dans les généralités, on pourrait caractériser en termes presque identiques la petite guerre du Haut-Tonkin. Pénurie de ressources (alimentation et cantonnement), de voies de communication, tyrannie du faible réseau routier existant, impossibilité de faire agir des colonnes de gros effectif, tactique de mouvement, action sur les flancs et sur les derrières d'un adversaire qui sait toujours se faire attaquer dans des positions quasi-inabordables, pas de ligne de communication unique en général, nécessité absolue de vivre sur les magasins (constitués ici par le réseau des postes fixes ou temporaires), tout y est.

En poursuivant la comparaison, nous retrouvons encore, là comme ici :

Le succès assuré par la *surprise*, par le *mouvement tournant* qui procure le commandement indispensable ;

La presque impossibilité d'assurer la liaison des colonnes et, par suite, de compter sur leur action simultanée : *l'action individuelle prime tout ;*

Le caractère d'extrême fatigue imposée à la troupe (« Quand on s'élève péniblement sur les flancs d'une montagne abrupte, dit le général Latour-d'Affaure, il n'est pas de puissance humaine capable de vous faire courir même en présence d'un danger pressant ») ;

Comme conséquence, l'obligation absolue de ménager sa troupe, de corser et d'améliorer son alimentation ;

Des procédés tactiques presque identiques :

a) Le service d'*exploration*, qu'on ne peut qu'exceptionnellement demander à la cavalerie, assuré par de petits groupes de fantassins ayant des aptitudes et un entraînement spécial (groupes francs dans les Alpes, groupes de partisans dans le Haut-Tonkin) ;

b) La réduction très sensible des effectifs consacrés à la *sûreté*, rendue possible par les difficultés du terrain et la tyrannie du réseau routier, nécessaire d'autre part pour éviter le surmenage ;

c) La *transmission* des ordres et des renseignements

BIBLIOTHÈQUE NATIONALE RF IMPRIMÉS

par courriers rapides (Alpes), par trams (Haut-Tonkin), les uns et les autres abatteurs de longues distances et voyageant en général par deux ou trois ;

d) L'emploi des *guides*, presque toujours indispensable ;

e) La marche normale à la *file indienne* (coupée de courtes haltes fréquentes (de vingt minutes en vingt minutes, de quart d'heure en quart d'heure) sans serrer sur la tête et sans déposer le chargement), avec l'allongement exceptionnel qui en résulte ;

f) L'*unité de marche* tombant du bataillon à la compagnie (Alpes), au groupe mixte de 150 à 200 fusils (Haut-Tonkin) ;

g) La compagnie (Alpes), le groupe mixte (Haut-Tonkin) devenant de même l'*unité tactique*, autonome, pourvue de son train spécial (munitions, outils, médicaments, bagages) ;

h) L'*artillerie* agissant par petits paquets, par section et même par pièce ;

i) Les transports assurés à dos d'homme ou d'animal : mulets (Alpes), petits chevaux et coolies (Tonkin), etc.

Ces caractéristiques, et d'autres encore, communes à la petite guerre du Haut-Tonkin et à la guerre des Alpes, sont, à vrai dire, celles de la guerre de montagne en général ; elles dérivent, en effet, de l'essence même de la montagne, de ses difficultés comparables en tous pays, et nous les retrouverions aussi exactement sans aucun doute dans des opérations qui auraient pour théâtre les massifs des Balkans, les montagnes d'Ecosse ou les sierras espagnoles.

Malgré tout, est-il besoin de le dire, vouloir assimiler entièrement la guerre du Haut-Tonkin à une guerre dans les Alpes ou dans tout autre pays de montagne ne saurait venir à l'esprit de qui que ce soit.

Si les traits généraux sont les mêmes, si les procédés extérieurs, les mécanismes tactiques sont comparables, l'analogie devient naturellement de moins en moins appréciable à mesure qu'on entre plus avant dans la question, et bientôt même la différence du fond fait oublier l'analogie de la forme.

En réalité, notre petite guerre coloniale nous a révélé des caractères particuliers, bien définis, que nous ne retrouverions nulle part ailleurs : le climat, l'ennemi, l'instrument de guerre dont on dispose, une montagne d'un genre spécial, unique au monde, sont autant de facteurs essentiels, de contingences souveraines qui lui impriment un cachet inaccoutumé, étrange et séduisant, déconcertant aussi pour le chef qui ne sait, dès le premier jour, faire litière des idées préconçues, des clichés, et entrer résolument dans la peau du bonhomme.

Parmi ces divers caractères, ceux qui concernent le terrain diffèrent d'ailleurs sensiblement suivant que l'on opère dans telle ou telle région du haut pays tonkinois. « Au Tonkin même, dit le général Gallieni, les règles de conduite des troupes varient suivant les régions et nos soldats ne combattent pas dans le Yen-Thé, comme dans les montagnes du Caïn Kinh. » C'est ainsi que les relations du général Gallieni et l'ouvrage du commandant Famin *Au Tonkin et sur la frontière du Quang-Si*, ont fait connaître les éléments d'une guerre spéciale, caractéristique, celle de la région des cirques, du Caï-Kinh et des Ba-Chau. « Il serait très imprudent, dit le colonel Ditte, de vouloir poser des règles générales qui ne trouveraient jamais leur application ; l'étude approfondie des campagnes coloniales permet seule de tirer des faits particuliers un enseignement profitable, et, à défaut d'expérience personnelle, c'est l'unique moyen de se préparer à la conduite des troupes dans ce genre d'opérations. »

Aussi n'avons-nous prétendu examiner ici qu'un des multiples aspects de la petite guerre coloniale, celui qu'elle présente dans cette montagne spéciale, aux éléments toujours comparables, qui forme les premières assises du plateau du Yun-Nan et s'étend presque uniformément boisée, coupée, à la fois attirante et rébarbative, au-dessus de la ligne Yen-Bay - Tuyen-Quang, entre le fleuve Rouge et le Song-Gam.

Dans les observations qui suivent, nous nous proposons d'envisager successivement et sommairement l'instrument de guerre, l'ennemi, le terrain et les principaux procédés d'exécution.

A) **L'instrument de guerre.**

1. — *La colonne de combat.*

I. Pareille à l'habit d'Arlequin, la « colonne » est faite de pièces et de morceaux :

Un élément européen (infanterie coloniale ou légion) ;

Des éléments réguliers indigènes (tirailleurs tonkinois) provenant de deux races qui, trop souvent, se jalousent et se détestent (annamite et thaï ; celle-ci, il est vrai, en notable minorité) ;

Un élément mixte (personnel de l'artillerie, partie française, partie annamite) ;

Un élément auxiliaire (partisans de diverses races, thaïs, mans, nungs, méos, etc.).

Entrent normalement dans sa composition :

Les réguliers (infanterie européenne et indigène), en groupes mixtes de 150 à 200 fusils (dont deux tiers de tirailleurs tonkinois et un tiers d'Européens) ;

Les irréguliers (partisans), en groupes indépendants de force variable ;

L'artillerie est constituée en un groupe mixte spécial.

Numériquement parlant, le *tirailleur tonkinois* forme le fond, la matière essentielle de la colonne. Intelligent, soumis, d'une résistance et d'une frugalité extrêmes, peu nerveux devant le danger, comme d'ailleurs la plupart des Asiatiques, ayant acquis le goût du tir depuis qu'il est pourvu de l'arme de petit calibre, précise et à faible recul, qui a remplacé l'insupportable carabine modèle 1874, le tirailleur tonkinois (l'Annamite surtout, bien que le Thaï ait pour lui d'être, par nature, plus grand et plus vigoureux) peut passer aujourd'hui pour un excellent soldat colonial ; sans avoir l'élan endiablé du Sénégalais (caractéristique de race incompatible avec son tempérament plein de mesure), il semble, plus que ce dernier, posséder l'intelligence du terrain et des situations, et, dans ce pays à surprises, sa calme discipline est un atout de plus dans la main du chef. Tenu en tutelle de la manière la plus étroite, puisque le plus haut grade qu'il puisse atteindre dans la hiérarchie militaire est celui du doï (sergent), l'Annamite, avec sa disposition naturelle à l'obéissance et ses facultés exceptionnelles d'assimilation, reflète exactement, au point de vue militaire, les qualités et les défauts de ses instructeurs français ; aussi nos régiments tonkinois réclament-ils plus que tout autre corps indigène un encadrement de choix, trié sur le volet de l'infanterie coloniale, d'autant que le Tonkinois a besoin non seulement d'instruction militaire, mais aussi d'une forte éducation morale et d'une surveillance discrète mais continue, faute de quoi il devient presque fatalement, une fois soldat, la proie du jeu et de l'opium.

Une légende, longtemps accréditée, représente l'Annamite comme « une sorte d'intellectuel dégénéré, passif, fataliste, totalement réfractaire au métier des armes » ; singulière appréciation sur une race qui fut conquérante, qui doit même à la guerre toutes les terres qu'elle occupe aujourd'hui. Un moment atténué sous l'oppression chinoise, l'atavisme réel de l'Annamite s'est de nouveau manifesté depuis la création de nos régiments de tirailleurs et les faits d'armes des petits soldats à chignons suffiraient aujourd'hui à illustrer la plus belle infanterie européenne. Il ne faut pas juger ces braves gens d'après les peu honorables spécimens que nous offre la jeune canaille des villes : boys, bêps, coolies-xé et autres. Les bons campagnards appelés au service sont généralement de tout autres individus : gai, travailleur et probe, en dépit d'un singulier penchant à la dissimulation, le « nhaqué », chez qui l'éducation militaire a tôt fait de réveiller l'esprit guerrier des ancêtres, a en lui l'étoffe d'un excellent soldat, et quand l'occasion en vaut la peine, il le prouve.

S'il nous révèle de sérieuses aptitudes, le soldat annamite, il faut bien le dire, n'est pas exempt de faiblesses ; nous connaissons les plus marquantes, le mensonge, le jeu, l'opium. On a pu lui reprocher aussi de manquer trop longtemps d'initiative ; quelques sujets d'élite arrivent seuls, en effet, à acquérir l'esprit de décision par quoi se distingue la race blanche ; une fois formé, d'ailleurs, le gradé annamite n'a guère, à quelques exceptions près, le temps de faire acte de chef, car la sénilité précoce le guette comme tous ceux de sa race ; comme troupier, ou jeune gradé convenablement tenu en laisse, il reste excellent.

Le tirailleur du Delta présente, d'autre part, une cause d'usure appréciable : c'est un homme de la plaine ; transporté de ses rizières dans la montagne, il y souffre jusqu'à un certain point des mêmes incommodités que les Français : « nu'o'c xâu lam » (l'eau est mauvaise), geint-il en tremblant de fièvre ; et malgré son énergie féline, malgré son fond d'endurance native, il finit quelquefois par tomber, abattu, usé jusqu'à la corde, à la suite d'efforts excessifs que des chefs imprudents lui ont demandés ; accident rare mais toujours déplorable, irréparable surtout. Tous les chefs dignes de ce nom ont compris la nécessité de ne pas abuser de la force de résistance du tirailleur ; c'est ainsi qu'en 1895, dans les opérations du Yen-Thé, le colonel Gallieni n'hésita pas à alléger ses Annamites de leur chargement en leur attribuant, à cet effet, un certain nombre de coolies. On a fait, du reste, et encouragé beaucoup de progrès en ce sens ; l'on ne s'étonne plus aujourd'hui, par exemple, de voir aux pieds de nombre d'entre eux... de ces belles et bonnes chaussures dont ils sont très amateurs ; et cependant le préjugé absurde que l'Annamite (homme des plaines) devait marcher nu-pieds avec la même aisance sur les pentes rocheuses ou broussailleuses de la montagne que dans les basses rizières du Delta a prévalu longtemps comme article de foi. En dehors du ménagement physique, le tirailleur demande un traitement moral en rapport avec sa culture affinée et subtile, supérieure sur bien des points à celle de la moyenne des conscrits de certaines de nos régions de France. Très sensible à l'injustice, foncièrement sournois et se repliant sur lui-même dès qu'il est inhumainement traité, il peut donner en campagne, sous un chef ferme, mais équitable et bon, un rendement vraiment extraordinaire. Il se dévoue, sans exubérance il est vrai, et d'une façon plus effective qu'affective, au chef français qui veut bien s'intéresser à lui, l'appeler par son nom au lieu de lui infliger perpétuellement l'odieux numéro matricule, négation de la personnalité, lui parler à l'occasion de sa famille du Delta, suivre avec une complaisante assiduité ces interminables représentations théâtrales qui charment les loisirs de la vie des postes et sont marquées au coin de la plus déconcertante fantaisie ; au chef surtout qui arrive à parler sa belle langue chantante, si artistique, si supérieure à celle de ses voisins, au thaï, au quan-hoa, si différente surtout de cet odieux mélange de sabir et de petit nègre que tant de nos sergents et même de nos officiers se croient tenus d'employer pour se faire comprendre et dont l'usage n'aboutit, en somme, qu'à humilier gratuitement des sujets cultivés, intelligents, et, quoi qu'on en ait dit, parfaitement préparés par la nature à apprendre du bon français.

« Le *soldat européen*, dit le colonel Ditte, est un instrument de combat perfectionné et supérieur mais fragile et que l'on ne saurait trop ménager. » La leçon de Madagascar (1895) a été cruelle : pour une centaine d'hommes tués ou blessés par le feu, 5.000 y sont morts de maladie. Aujourd'hui pareille déconfiture serait sans doute moins à craindre : marsouins et légionnaires sont devenus pour toujours (on l'espère du moins) les spécialistes attitrés de la guerre coloniale ; tous volontaires, rengagés en grande partie, ne comptant plus dans leurs rangs aucun de ces enfants de 18 à 20 ans qui furent jadis la proie désignée de la fièvre et de la maladie ; ils présentent, en général, les meilleures aptitudes pour le rude service colonial ; si on arrivait à extirper entièrement de chez elles les derniers vestiges de cette triste plaie qu'est l'alcoolisme, nos troupes européennes d'outre-mer n'auraient pas de rivales au monde. Notons en passant que ces deux éléments, marsouins et légionnaires, en apparence si différents, sont devenus aujourd'hui à peu près comparables, le fond de la légion qualifiée d'étrangère se composant en grande partie de sujets français et nombre de nos rengagés ayant déjà fait un congé dans la légion. Tout au plus pourrait-on dire, si l'on tenait à établir entre eux une différence, que le marsouin d'aujourd'hui, un peu moins âgé *en moyenne* et, partant, un peu moins fait que le légionnaire, rachète cette légère infériorité par sa qualité bien établie de soldat français et rien que français, qui prévient chez lui la fâcheuse tare des gens d'aventure, la désertion.

Quoi qu'il en soit et quels que soient les soins donnés au recrutement, l'emploi des Européens réclamera toujours, dans nos guerres coloniales, une modération extrême ; et cependant, il en faut dans les colonnes : c'est la garde, « espoir suprême », véritable arme spéciale dont l'emploi double la valeur de l'indigène, prévient l'idée même de débandade, rétablit les affaires compromises, harmonise et nuance le combat au gré du chef, lui donne la confiance, décide du succès. En dehors du combat, notre soldat est l'auxiliaire précieux des cadres surmenés ; fier des fonctions qu'on lui attribue, il mène bruyamment mais paternellement ses escouades de coolies; respecté et aimé de tous, ayant doté chacun de ses administrés d'un nom de guerre commode, payant de sa personne dans les passages difficiles, il fait tout marcher au doigt et à l'œil. Ajoutons, pour être exact, que son zèle, parfois intempestif, a besoin d'être dirigé (sans en avoir l'air) et que les sujets d'origine étrangère doivent, par ce fait qu'ils ne sympathisent pas, en général, avec les indigènes aussi spontanément et aussi naturellement que les Français, être écartés *a priori* de ces fonctions assez délicates.

Le maintien en état de l'outil précieux qu'est le soldat européen réclame des précautions que nul officier colonial n'ignore, mais dont il est bon, pour les jeunes, de rappeler les plus essentielles :

1° N'imposer à l'Européen aucune fatigue, aucun effort

qui ne soient exigés de façon impérieuse par les besoins des opérations ; lui éviter, en conséquence, les fatigues dites *accessoires* (gardes, corvées, etc.). Appliquer ici dans toute sa rigueur la théorie du « moindre effort ».

2° Ecarter, en principe, les fractions constituées européennes des services de reconnaissances et de sûreté, n'y employant que des individualités de choix destinées à agir dans la masse indigène comme le levain dans la pâte.

3° Corser l'alimentation pour réparer la dépense de forces toujours considérable en montagne. (En 1896, la ration du Tonkin était inférieure à notre ration européenne de campagne ; les effets de ce lamentable non-sens purent être, heureusement, atténués par la situation florissante des bonis des compagnies qui permit l'achat de vivres de complément et par une certaine tolérance dans la comptabilité du troupeau.) Cette question de l'alimentation est capitale ; pour de simples détachements et même pour une colonne de faible effectif, elle pourra d'ailleurs, dans ce pays, être plus facilement résolue qu'en bien d'autres. Thaïs, Mans et Méos élèvent, en assez grand nombre, de la volaille et des porcs, cultivent des jardins et font pousser des légumes. La zone des « méos » produit presque tous ceux d'Europe : haricot, chou, citrouille, oseille, aubergine, patate, igname, etc. ; ces altitudes sont, il est vrai, rarement atteintes par nos colonnes ; mais dans les autres zones, zone des mans et surtout zone des thaïs, la saison propice aux opérations militaires correspond précisément à la saison des jardins (octobre à mai) ; les ressources ne manquent donc pas absolument, dans les centres s'entend, et hors de portée immédiate de la région où opèrent les bandes.

Un chef de détachement se précautionnera d'ailleurs à

ce point de vue de certains objets peu encombrants et d'une utilité incontestable :

Boîtes de lait condensé pour ses malades (la vache tonkinoise, de plus en plus rare d'ailleurs à mesure qu'on s'élève vers les sommets, en donne peu ou point) ;

Quelques cartouches de dynamite destinées à des pêches miraculeuses dans les cours d'eau ;

Un bon fusil de chasse grâce auquel, hors des approches de l'ennemi et chaque fois que le commandant de la troupe croira devoir le permettre, on pourra corser l'ordinaire de quelque supplément de gibier (perdrix, coqs et poules de bruyère, chevreuil, etc.). Le chevreuil (con-naï) peut évidemment être « servi » au fusil 1886 ; mais on sait que la balle est, en principe, destinée au pirate.

Au sein de ces richesses alimentaires, nous manquerons parfois de pain ; n'oublions pas, dans ce cas-là, que la « boulette de riz » préparée par les Annamites remplace *avantageusement* le biscuit.

Si la montagne est rude, au demeurant l'on peut trouver à y vivre, à la condition toutefois de ne pas s'y trouver trop nombreux en même temps.

4° Alléger l'homme au maximum en ne lui imposant que le poids de son fusil 1886, de ses cartouches et du repas froid qu'il doit consommer à la grand'halte ; tout le reste, couverture, campement, effets de rechange, vivres du jour et de réserve, porté à dos de coolies immédiatement derrière la troupe, au petit train de combat de chaque groupe mixte.

5° Veiller à la stricte observation des précautions hygiéniques traditionnelles :

Usage, de préférence à toute autre, de l'eau courante sur fond de sable ou rocheux ; à défaut, aluner (15 centigrammes par litre) ; traiter au permanganate (5 centigrammes par litre), ou mieux encore faire bouillir ;

Au départ, remplir les bidons d'une infusion légère de thé ou de café ; l'usage systématique d'une infusion pour la boisson est le préservatif par excellence contre le typhus et le choléra ;

Supprimer l'alcool si possible, proscrire du moins l'alcool de riz (choum-choum) et même le sa-ké ; ne distribuer la ration de tafia réglementaire qu'*après le repas principal ;*

Port de la ceinture de flanelle pour parer au refroidissement nocturne, inévitable en montagne ;

Propreté corporelle stricte ; l'eau, Dieu merci, ne manque pas ;

Quinine préventive (0 gr. 15 à 0 gr. 25) suivant l'époque de l'année et l'impaludation actuelle du sujet ; interrompre de temps en temps pour laisser reposer l'estomac ;

Autoriser et même recommander l'usage du « cai-quât » (éventail) pendant les marches, surtout par les journées chaudes ;

On voit des Européens chiquer le bétel comme les Annamites et bien s'en trouver ; à condition de n'en pas abuser, la chique (faite d'une feuille de bétel, de noix d'arec et de chaux) passe pour un « tonique » ;

Prévenir la plaie annamite et la morsure des sangsues, conséquences de la marche en terrain marécageux. Il faudrait pour cela arriver à supprimer toute solution de continuité entre chaussure et pantalon ; bien ajustée, la bande molletière réalise en principe ce desideratum ; mais, à vrai dire, comme l'a écrit le docteur Gayet, dans ces régions où l'eau coule partout, « la question de la chaussure est presque insoluble : car, pour marcher dans l'eau, la meilleure chaussure ne vaut rien ». Contre la plaie annamite, la gradation du pansement sera : sublimé, iodoforme, acide borique.

6° Faire litière de ce préjugé, commun à tant d'officiers et de gradés des détachements européens, que ces détachements doivent toujours et partout se suffire à eux-mêmes, construire leurs abris, leurs retranchements, faire leurs corvées, etc. Cause de l'usure prématurée de la troupe, cette erreur est d'autant plus condamnable qu'il est on ne peut plus aisé, parmi la foule des coolies thaïs, mans et chinois, des partisans, des habitants, sans même recourir en quoi que ce soit à la complaisance des tirailleurs du groupe, de faire surgir, au prix de quelques rations de vivres ou de rétributions bien modestes, toutes les bonnes volontés nécessaires. Ajoutons que la construction des abris par exemple, pénible pour les Européens, n'est qu'un jeu d'enfant pour des indigènes habitués à jouer en virtuoses du bambou et du latanier.

7° La confection des abris répond à une nécessité absolue. Dans la montagne du Tonkin, l'homme qui couche sur le sol, à la belle étoile, est condamné. Pour être en situation de résister aux épreuves d'une campagne, il faut, la nuit, de toute nécessité :

a) Etre abrité ;

b) Se soustraire aux influences telluriques en reposant sur un lit de camp placé à 50 centimètres du sol au moins ;

c) Autant que possible, se préserver des piqûres de moustiques, sinon le corps tout entier, du moins les mains et la figure, avec des morceaux d'étamine ajustés sur le casque et sur les manches.

8° Eviter de camper sur des emplacements qui aient déjà servi ; on devine pourquoi.

9° Disposer de quelques chevaux de main pour transporter au besoin les éclopés qu'on ne peut songer à abandonner dans la brousse, parfois à la merci d'un ennemi impitoyable ; l'emploi des chevaux d'officier, trop fréquent pour cet objet, est, de toute évidence, malgré l'idée charitable qui l'inspire, abusif et, en règle générale, insuffisant ; et dans ce cas, il faut recourir au fâcheux brancard qui va lentement, paralyse la colonne ou tout au moins le convoi et immobilise quatre coolies par homme transporté.

Nous parlerons ultérieurement du mode d'emploi et du rendement de nos deux éléments, européens et indigènes. Disons seulement ici que, réunis en groupes mixtes de 150 à 200 fusils (deux tiers de ceux-ci et un tiers de ceux-là), soldats blancs et soldats jaunes, dont les aptitudes respectives se complètent heureusement, forment un tout harmonieux, éminemment propre à la guerre de ces pays.

De l'*artillerie*, nous ne dirons qu'un mot relatif à son matériel, puisque le personnel qui le sert, y compris, s'il y a lieu, un soutien spécial, comprend à la fois des Annamites et des Européens, faits de la même argile que nos connaissances du groupe mixte. Les accessoires du canon de 80^{mm} de montagne (roues, rallonge de flèche, limonière articulée, utilisable dans les régions moyennes) et les caissons à munitions ne dépassent pas le poids normal prévu pour les chargements de coolies ; mais la bouche à feu (105 kilogrammes) et le corps d'affût (113 kilogrammes) réclament l'un et l'autre pour leur transport une double, parfois triple, équipe de 4 coolies (dans la montagne, on n'en peut utiliser davantage sous une charge) d'une force et d'une adresse peu communes. L'on peut ne pas avoir sous la main les coolies chinois généralement employés à ces transports, et alors faudra-t-il se priver du précieux auxiliaire qu'est l'artillerie de montagne ? N'oublions pas que les deux grands arguments, les seuls peut-être qui puissent déterminer le pirate à nous céder, sont la manœuvre et... le canon. La manœuvre, presque toujours possible, est aussi, presque toujours, bien difficile à régler sur de pareils terrains; trop tardive ou trop lâche, elle risque de ne pas donner à elle seule des résultats décisifs ; elle est même, parfois, par elle-même entièrement impuissante ; que de colonnes ardentes, entraînées, conduites par les chefs les plus intrépides, se sont heurtées, impuissantes, faute du concours du canon, à des positions formidables tenues seulement par quelques winchesters ! Jusqu'au moment où il prend la parole, le canon constitue, il est vrai, le plus fâcheux *impedimentum*. Souhaitons d'avoir bientôt cette artillerie de montagne idéale, à la fois légère et puissante, stable dans le tir sur tous les terrains et sous tous les angles, démontable en éléments aussi aisément transportables que chacune des charges ordinaires de nos coolies ? *Canon* et non pas *mitrailleuse*, non pas que l'emploi de ce dernier engin ne soit à recommander aux colonies, en montagne comme ailleurs ; si nous pouvons en avoir sur ce terrain, tant mieux, abondance de moyens ne nuit jamais ; mais ne demandons pas à cette « infanterie condensée » l'effet de démoralisation et de destruction que le canon seul peut réaliser (1), surtout contre un ennemi si entendu dans l'art du défilement.

Le transport d'une pièce de montagne exige 28 coolies (deux jeux d'équipe), auxquels il faut ajouter autant de

(1) Nous avions à l'exposition de 1900 les modèles de Saint-Chamond et de Wickers-Maxim. Au moment même où nous écrivons ces lignes (janvier 1906), un nouvel engin du Creusot fait beaucoup parler de lui : le roi de Portugal et le prince de Bulgarie viennent d'admirer dans cet établissement un canon de montagne à tir rapide, modèle M. A.; vitesse, 300 mètres; projectile de 5 kilogrammes; rapidité maxima de tir, 20 coups à la minute, réalisant, paraît-il, l'immobilité absolue pendant le tir, et ce, en dépit de toutes les dénivellations.

fois 2 coolies qu'il y a dans l'approvisionnement de caisses réduites de munitions contenant chacune 4 obus (à mitraille ou à mélinite).

L'artillerie d'une colonne forme un groupe mixte spécial, auquel sont rattachées toutes les munitions d'artillerie dont on dispose.

Train de combat.

Chaque groupe mixte, l'artillerie comme les autres, a à sa disposition immédiate un petit convoi spécial, véritable train de combat, qui l'accompagne partout et comprend normalement :

L'*appoint de munitions* (en caisses réduites), 50 à 100 cartouches par homme ;

Un *petit stock de médicaments* de première urgence ;

La *caisse de numéraire* (solde du personnel militaire et des coolies) ;

Les *vivres du jour* (coolies de popote), c'est-à-dire les vivres à distribuer à l'arrivée pour la soupe du soir et le repas froid du lendemain ;

Les *vivres du sac*, autrement dit « vivres de réserve », pour parer à un besoin urgent, stock variable suivant les circonstances ;

Un *bagage sommaire* (outils, couvertures, effets de rechange) ; dans le groupe d'avant-garde, les outils (coupe-coupe, haches, pioches, etc.) sont entre les mains des hommes ;

Quelques *chevaux de main* et coolies haut-le-pied (*brancardiers*).

Les vivres et bagages de l'état-major sont rattachés au train de combat de l'un des groupes.

Le train de combat fait partie intégrante du groupe mixte et est encadré par lui.

Prise dans son ensemble, la colonne comporte, elle

aussi, un train de combat spécial, indépendant du convoi proprement dit et constitué par le *service de santé*. Il est peu encombrant : un médecin, quelques infirmiers (européens et indigènes), une réserve de brancardiers haut-le-pied, la cantine médicale. Les brancards seront le plus souvent de simples engins de fortune faits de bambou au moment du besoin.

Le service de santé marche dans la colonne de combat soit à la suite d'un groupe déterminé, soit sous la protection d'une escorte spéciale.

II. — *Le convoi.*

Pour se battre il faut vivre. Chargé d'assurer le service des subsistances, l'officier d'approvisionnement dispose :

a) D'un personnel technique d'exécution (très réduit comme bien on pense et dont nous ne parlons que pour mémoire) ;

b) Du convoi proprement dit ;

c) Du troupeau.

L'impossibilité de vivre sur le pays ou de tirer au jour le jour sa subsistance de l'arrière, modes normaux d'alimentation adoptés dans nos guerres continentales, la difficulté même de se ravitailler très régulièrement aux magasins (postes permanents ou temporaires) ont imposé à la suite des colonnes le convoi lourd et encombrant. A la fois organe de ravitaillement et stock de réserve, le convoi a pour objet de maintenir au complet les vivres de première urgence (vivres du jour et vivres du sac) transportés à la suite et au contact permanent de chaque groupe (train de combat) et de garder en tout temps à la disposition de la colonne une réserve mobile pour parer à l'imprévu (éloignement prolongé des centres de ravitaillement, pertes, constitution de postes provisoires, etc.). Il se divise de ce fait en deux sections d'importance variable suivant les circonstances : *ravitaillement*, *réserve*, les denrées de la réserve concourant en temps utile au ravitaillement de la troupe pour éviter toute déperdition.

Les deux éléments d'exécution sont le *coolie* et le *cheval de bât* (1).

La capacité de transport du coolie est variable suivant les races et suivant les difficultés de la région parcourue. On peut, d'une manière générale, et en tablant sur des moyennes, adopter comme échelle de force croissante la suite : Annamite, Thaï, Man ou Nung, Méo, Chinois. Le coolie annamite ne se rencontre qu'exceptionnellement dans notre haute région ; le Thaï et le Man, les plus employés, peuvent, dans leur pays, marcher facilement sept à huit heures par jour sous une charge de 25 kilogrammes ; pour éviter le surmenage, il est prudent de ne tabler que sur 18 ou 20. Le Méo, habitant des plus hautes régions, échappe presque toujours au portage. Le coolie chinois coûte cher, parce qu'il faut aller le chercher très loin ; en raison de sa force musculaire, il est plus spécialement recruté pour le transport de l'artillerie. L'encadrement des coolies comporte des caïs (chefs d'escouade) et des doïs (chefs de section) de la même race, non assujettis au portage ; la surveillance générale est exercée par des militaires européens de la troupe d'escorte, doublés chacun, s'il y a lieu, pour la commodité des relations, par un ou deux tirailleurs. Les coolies portent à *un* ou à *deux*, exceptionnellement à *quatre* (canon et affût). Toutes les fois que c'est possible (coolies de popote par exemple), il est avantageux d'adop-

(1) On trouve aussi des mulets dans les zones frontières; tout ce que nous dirons du cheval leur est à peu près applicable.

ter la charge individuelle, plus commode, et facilitant la vitesse de la marche ; l'inconvénient en est une augmentation légère du poids mort et, partant, du nombre total de coolies.

En règle générale, le coolie, dès maintenant habitué à nous, suffisamment rétribué et traité humainement, ne cherche plus à fuir comme il le faisait jadis ; déjà, dans notre campagne de 1896, nous ne relevâmes de ce chef qu'un nombre infime de déserteurs. Il est bon d'ajouter que les attaques des convois, leur grand épouvantail des premiers temps de l'occupation, se sont faites, depuis dix ou quinze ans, de plus en plus rares. L'abus du portage est cependant à éviter à tout prix, car il pèse très lourdement sur les populations de la montagne encore assez clairsemées et moins soucieuses que celles du Delta d'amasser quelque argent dans l'exercice de cette profession. Autant que faire se peut, et afin de prévenir les déchets, il est bon que le coolie soit pourvu, par les soins du magasin administratif du point de départ, d'une couverture individuelle et d'un sachet à vivres. Un signe variable porté au bras distingue les coolies des différents groupes.

Le *petit cheval tonkinois* porte facilement la charge de quatre coolies ; il est sobre, adroit, et, tant qu'il reste suffisamment jeune, pour ainsi dire infatigable ; il passe à peu près partout où passe le coolie, mais cette règle n'est pas absolue. Aussi méchant pour ses congénères (on ne trouve dans les convois ni chevaux castrés ni juments) qu'il est doux à l'égard de l'homme, il doit, en règle générale, être isolé, au bivouac, faute de quoi on s'exposerait à voir fondre rapidement le petit escadron par le fait des morsures graves et des coups de pied. La meilleure façon de prévenir tout accident consiste d'ailleurs, en réquisitionnant les chevaux, à réquisitionner aussi leur ma-phu (conducteur) habituel (1).

Le convoi, lourd boulet pour la troupe qui doit aller vite et passer partout, forme, en principe, une colonne à part, ayant son itinéraire bien déterminé, couverte et éclairée à distance par la colonne de combat et immédiatement par une escorte spéciale. Il marche dans le sillage général de la colonne, se tenant en relations avec elle pour éviter toute mésaventure ; mais il pitonne le moins possible, ne quittant pendant la marche le fond des vallées que quand les circonstances l'exigent. Le soir, toutes les fois que le terrain le permet, ou que sa sûreté le commande, il se rapproche des troupes, les ravitaille, s'il y a lieu, et bivouaque sous leur protection.

Comme nous l'avons dit, les attaques de convois se font de plus en plus rares à mesure que le pays devient plus sûr et que, partant, les bandes, plus exactement filées, deviennent moins audacieuses. Il est bon cependant d'envisager l'éventualité de ces entreprises. Un convoi attaqué, soit sur terre, soit sur eau (et dans ce dernier cas, en général, à un passage de rapides) est toujours en situation critique par suite de sa profondeur et de la difficulté des communications de la tête à la queue, qui en compliquent la défense. Le commandement doit prendre des dispositions (itinéraire, force de l'escorte, etc.) pour y parer ; le chef d'escorte doit, de son côté, s'éclairer et se couvrir sans compter absolument sur la protection, parfois aléatoire, de la colonne, bien grouper ses fractions, les reformer après chaque passage difficile, etc., c'est de la tactique de tous les pays.

---

(1) Même en montagne, le petit cheval tonkinois trouve à peu près partout le paddy et le maïs nécessaires à son alimentation ; le cas échéant, les pousses de bambou suppléeront, du reste, au défaut ou à l'insuffisance de l'un et de l'autre.

Dans l'intérieur du convoi, coolies et chevaux ne peuvent pas, puisque nous sommes en pays de montagne, marcher d'un seul bloc, par ce simple fait que leurs allures ne sont pas les mêmes dans les pentes, le cheval allant plus vite que l'homme chargé à la montée, alors qu'à la descente c'est l'inverse qui se produit. De là l'idée :

a) Quand le convoi est tout entier réuni, de laisser entre les « fractions-coolies » et les « fractions-chevaux » un jeu suffisant pour éviter la gêne réciproque ;

b) D'affecter, *dans la mesure du possible*, les coolies au transport de la réserve de vivres et les chevaux au ravitaillement. Ceci présente d'ailleurs le double avantage de ménager sensiblement les jambes des coolies dont les forces s'useraient vite à la navette continuelle (entre le magasin et la colonne) qu'impose le jeu du ravitaillement et de répondre intégralement au but principal qu'on s'est proposé en créant la réserve de vivres dont le fonctionnement commence au moment où les troupes cessent d'être à portée des magasins, où elles marchent loin des sentiers battus, là où le terrain réclame parfois impérieusement et uniquement le transport *à dos d'homme*.

Au train de combat, il serait parfois dangereux de séparer en deux fractions chevaux et coolies, avec des intervalles un peu larges. On relèguera donc au convoi proprement dit (d'autant que le train de combat doit pouvoir passer partout) tous les chevaux de bât de la colonne, ne laissant avec la troupe que des coolies et les quelques chevaux haut-le-pied non chargés destinés au transport éventuel des éclopés et des malades.

Nous verrons plus loin fonctionner le service du ravitaillement.

Les bases généralement adoptées pour le calcul des

moyens de transport nécessaires à une colonne sont les suivants (poids net, charge utile) :

1 coolie annamite porte 15 ou 16 kilogrammes ;

1 coolie thaï ou man porte de 18 à 20 kilogrammes ;

1 coolie chinois peut en porter 25 ;

1 cheval de bât 80 (charge utile normale : 2 caisses ou tonnelets de 30 à 35 kilogrammes, soit 60 à 70 kilogrammes).

Par suite :

Le transport d'un jour de vivres pour 100 Européens exigera 8 coolies ou 2 chevaux de bât ;

Le transport d'un jour de vivres pour 100 indigènes 4 coolies ou un cheval de bât.

Les poids susindiqués sont des chiffres moyens qu'il y a toujours inconvénient à dépasser.

Ne pas oublier qu'une colonne est d'autant plus légère et plus mobile qu'elle est dotée de plus de moyens de transport. Toutefois, même abstraction faite des fixations réglementaires, la quantité en resterait limitée : 1° par le rendement pratique et licite de la réquisition, le portage à dos d'homme et la location obligée des chevaux étant assez mal supportés par les populations de la montagne ; 2° par l'inconvénient d'avoir à assurer une escorte spéciale dont l'effectif augmente avec l'importance du convoi.

Le *troupeau* marche normalement à la suite du convoi d'après les mêmes règles que la « fraction-chevaux » ; il comprend exclusivement des petits bœufs à bosse, dont la chair coriace ne rappelle que d'assez loin celle de notre bétail normand. En revanche, ce bœuf tonkinois est très agile et supporte gaillardement les étapes; de sorte que, n'étant pas surmené, il n'offre pas, à l'abat, le soir au bivouac, une viande épuisée ou toxique comme parfois notre bétail de France à la suite d'une marche un peu prolongée. Sa chair peut être mise en consommation quelques heures après le sacrifice ; il est exceptionnel d'ailleurs, vu la chaleur humide de l'atmosphère, très sensible, même pendant les mois d'hiver, à certaines heures de la journée, que l'on transporte, comme en Europe, à la suite de la colonne, la viande abattue la veille ou même le matin en vue de la distribution du soir à l'étape.

. . . .

III. Dans les services de l'arrière, nous n'avons à considérer que deux points particuliers : le *ravitaillement en vivres et en munitions* et le *service de santé* (évacuation des malades et des blessés), sans nous appesantir autrement sur l'organisation générale d'un *service d'étapes* qui n'est, en temps d'opérations, que la continuation intensive de celui qui fonctionne normalement en tout temps.

Ravitaillement.

En montagne (au Tonkin comme ailleurs), on ne peut ni vivre sur le pays, ni tirer au jour le jour sa subsistance de l'arrière ; on vit sur les magasins, points commodes du théâtre d'opérations transformés pour la circonstance en *centres de ravitaillement*. Ce rôle, dans le cas présent, est dévolu à quelques-uns des postes réguliers qui couvrent de leur réseau tout le haut pays tonkinois et sont, en général, placés sur les grandes voies fluviales ou aux grands carrefours naturels, à deux ou trois jours de marche les uns des autres. Dans le choix de ces postes n'intervient pour ainsi dire pas la considération du nombre de locaux disponibles, étant donnée l'extrême facilité de construction, en ces pays, de magasins provisoires (excellents pour une saison) en paillote et torchis. Approvisionnés au début de la campagne à un certain nombre de jours de vivres pour les troupes d'opérations, suivant leur importance probable du lendemain, les postes choisis comme *centres de ravitaillement* sont maintenus ou recomplétés ultérieurement, d'après les besoins constatés ou prévus, par convois fluviaux ou par voie de terre sur la demande des chefs de colonne et par les soins du commandement territorial. Ces postes sont donc des entrepôts de vivres, de munitions, de matériel, où notre colonne pourra se recompléter. La section du convoi, dite du ravitaillement, composée surtout en chevaux de bât, est chargée de ce soin. Si la colonne opère à proximité du centre de ravitaillement, l'opération ne présente aucune difficulté. Si la colonne en est éloignée, le jeu de la navette peut devenir dans ce cas pour les animaux une cause d'usure grave ; on la prévient soit en vivant momentanément sur la réserve de vivres, soit en recevant les approvisionnements par les soins et grâce aux moyens de transport des postes eux-mêmes ; ceci entraîne, il est vrai, une augmentation, pour l'ensemble de la région, de l'effectif total du personnel indigène ou des chevaux employés au portage, situation dont il peut résulter des inconvénients.

En 1896, les opérations du ravitaillement, tant des troupes d'opérations que des postes choisis comme centres, présentaient d'autant plus de difficultés que les services administratifs n'étaient pas sous la dépendance du commandement ; la loi du 7 juillet 1900 et le décret du 11 juin 1901 ont heureusement mis chacun à la place exacte qui lui revenait.

Les centres de ravitaillement doivent être outillés de manière à assurer en tout temps :

La livraison rapide des vivres, munitions, médicaments, etc. ;

La fabrication du pain dans la limite du possible ;

Les soins aux blessés et malades évacués de passage, leur mise en route sur l'arrière ;

Eventuellement, des moyens de transport et des auxiliaires pour le service des colonnes ;

Le service postal (officiel et privé) par trams (voie de terre), paniers légers et sampans à fond plat (voie fluviale);

Les communications rapides avec l'arrière (télégraphie optique ou électrique, pigeons voyageurs). La colonne est en communication normale par trams et pigeons, exceptionnelle par voie télégraphique avec le centre de ravitaillement qui lui sert de base momentanée.

Ce rôle (si important comme on le voit) des postes centres de ravitaillement semble correspondre, en somme, à la fois à celui de la tête d'étapes de guerre et à celui de la station-magasin de nos règlements ; il y a lieu de remarquer seulement qu'ici, comme dans toute région de montagnes, la guerre comporte des changements fréquents de ligne de communication : sur nos théâtres d'opérations d'Europe, saturés d'hommes à l'excès, une armée elle-même n'en aura qu'une ; ici, au contraire, la « colonne », faible poignée de combattants, dispose à elle seule d'un immense espace dans lequel elle évolue en toute liberté ; elle vit sur les magasins établis sur le théâtre même des opérations et, pour ses relations avec l'intérieur, passe du jour au lendemain, sans complication aucune, d'une communication à une autre, du Song-Chay au fleuve Rouge, de la rivière Claire au Song-Chay.

Les *évacuations* comportent un transport en deux parties d'inégale difficulté : 1° *de la colonne au centre d'évacuation* (qui est, en fait, neuf fois sur dix, le centre de ravitaillement), transport en brancard, parfois en radeau quand on dispose d'un cours d'eau flottable ; c'est ainsi que, dans le Bang-Hanh, la colonne Bailly évacuait sur

Ba-Xao, par le Ngoï-Xao, ses malades et éclopés sur des radeaux à deux places ; ce mode de transport, qui n'exige que quelques hommes valides pour la manœuvre, est préférable, toutes les fois qu'il est possible, au transport en brancards fort lent et nécessitant quatre coolies par malade ; 2° *du centre d'évacuation à l'hôpital*, par les sampans de l'administration, dans des conditions suffisamment confortables ; si le centre de ravitaillement n'est pas sur un cours d'eau, cas exceptionnel, le chef de poste assure le transport en brancards jusqu'au prochain embarcadère. D'une manière générale, la protection de ces mouvements est assurée, dans la première partie par la colonne elle-même, dans la seconde par le commandement territorial.

B) **L'ennemi.**

Vieille comme la Chine, l'institution singulière et calamiteuse de la « grande piraterie » a pu être comparée à un mal endémique, inguérissable, destiné à durer autant que la surproduction humaine, la misère et la faim dans les grandes agglomérations de l'Empire du Milieu. Désolante, lugubre et terrible, la profession de « pirate » cadre, d'ailleurs, parfaitement avec le tempérament spécial du Chinois, cet être, « humain seulement d'apparence, qui ne connaît ni sensibilité, ni joie, ni tendresse, ni émotion, ni sympathie, ni pitié, ni mouvement du cœur et des nerfs ». Appliqué par système à tous les fils du Ciel, le portrait serait sans doute excessif ; dans le cas particulier du « pirate » il est criant de vérité. Il faut dire, pour être vrai, que, dans la forme suraiguë, très particulière, sous laquelle nous avons eu à la combattre, au cours de la pénétration progressive du Haut-Tonkin, la piraterie chinoise, telle que nous la présentons ici, ne datait, à proprement parler, que de cette pénétration elle-même ; à une époque, déjà lointaine, des bandes, aveuglément et systématiquement destructrices, avaient bien, disent les annales, fait du Haut-Tonkin un véritable désert ; mais, au moment de la conquête, en 1883, tous ces souvenirs semblaient presque oubliés : pavillons noirs et pavillons jaunes se comportaient sur la rivière Claire et sur le fleuve Rouge à peu près comme des troupes d'occupation semi-régulières, agissant quasi officiellement au nom de Ham-Nghi, empereur d'Annam et vassal du Céleste Empire. Elles vivaient sur le pays, manifestant assurément vis-à-vis de l'indigène des exigences qui, trop souvent, dépassaient la mesure, mais se gardant, en somme, de tuer la « poule aux œufs d'or » qui leur assurait sans difficulté une existence facile et même confortable. Ces pirates presque « régence » n'étaient pas tous, en effet, gens de sac et de corde ; si l'on en croit Déo-Van-Tri, chef des thaïs blancs de la rivière Noire et leur fidèle allié de jadis, ils recrutaient nombre d'individus à peu près honnêtes, poussés par la misère ou possédés seulement de ce démon des aventures qui suscite chez nous les vocations de légionnaire et de marsouin. L'on sait, d'ailleurs, que les troupes chinoises qui occupèrent jadis le Yun-Nan, et auxquelles se rattachaient par des liens assez étroits les pavillons noirs de Liu-Vinh-Phuoc, colonisèrent admirablement ce pays, tandis que le Quang-Si, terre de la déportation, fut le véritable berceau des professionnels du brigandage à main armée, de cette piraterie nouvelle qui s'est développée surtout depuis l'éclipse définitive de l'autre. Les anciennes bandes du fleuve Rouge et de la rivière Claire tenaient, il faut le dire, à leur honneur, plus de ceux-là que de ceux-ci. Une étude tant soit peu fouillée de la question serait, au surplus, œuvre fort complexe, si l'on songe qu'aux vieilles colonies militaires descendues du Yun-Nan se superposèrent, sans parler des déplorables éléments venus du Quang-Si, les Taï-Pings vaincus, et refoulés après leur révolte, avec eux nombre de réguliers des armées chinoises et enfin certaines bandes fameuses plus annamites que chinoises (et, par ce fait, qualifiées de rebelles), celles par exemple du Doc-Ngu et du Dé-Kiéou. Tout cela avait fini par vivre en assez bonne intelligence, se partageant l'influence dans le haut pays et exploitant de concert Thaïs, Mans, Méos et autres races de la montagne, mais sans *trop* abuser.

A partir de 1885, sous la pression acharnée de notre action militaire, et en dépit des efforts de Thuyet qui, réfugié d'abord chez Déo-Van-Tri, puis de là en Chine, essaya de leur donner un mot d'ordre et de leur communiquer son indomptable énergie, ces colonies guerrières se désagrégèrent peu à peu ; les éléments les plus avouables s'en séparèrent pour rentrer dans les villes ou s'enrôler sous les drapeaux du maréchal Sou. Repoussés de partout, lâchés par l'habitant qui jugea de son intérêt d'accepter, aux lieu et place de la leur, notre domination plus légère et plus équitable, les derniers pavillons, dont le recrutement baissa naturellement comme qualité à mesure que diminuaient les profits, descendirent par degrés du rang de glorieuses bandes à celui de vulgaires ramassis de pillards, réduits pour vivre à demander à la surprise, à des ruses violentes, ce qu'ils tiraient jadis sans trop de difficultés de leur titre d'occupants réguliers du haut pays tonkinois. En résumé, le pirate de nouvelle couche n'est plus aujourd'hui qu'un industriel du fusil, un contrebandier d'opium doublé d'un bandit sans âme et sans scrupules. Toute proie lui est bonne : numéraire ou barres d'argent, approvisionnements, récoltes, buffles, femmes, enfants, qu'il revend sur certains marché chinois ou qu'il ne rend que moyennant rançon (à un moment, les enlèvements d'Européens furent même très à la mode dans la région de Mon-Cay). La désolation et la mort l'accompagnent ; rebuté par les populations, il se venge d'elles, toutes les fois qu'il le peut, de la manière atroce que seul un Chinois peut inventer ; les ruines qu'il a accumulées sur son passage sont effrayantes ; massacre, torture, incendie, destruction des animaux et des cultures, rien ne manque à la série lugubre de ses exploits. Avec cela, et en dépit d'une déchéance officielle irrémédiable, cet apache de la « brousse » a conservé de ses origines guerrières quelque chose des qualités essentielles qui font la valeur d'une troupe : encadrement, cohésion, esprit de solidarité. Ajoutons que, par suite de la guerre sans merci que nous leur avons faite pendant quinze ans, les bandes pirates « dernière manière » ont perfectionné sans cesse leurs procédés et que, dans leurs rangs, se sont révélés parfois de véritables chefs : les noms de Ly-Van-Son, Nguyen-Trieu-Tong, Mac-Qué-An et de tant d'autres sont connus au Tonkin comme ceux d'aventuriers redoutables, joignant à la bravoure personnelle une astuce profonde, un grand sens du commandement et une science consommée de la guerre de partisans.

Sur le haut fleuve Rouge, la désagrégation des bandes fut d'ailleurs assez malaisée, parce qu'elles avaient de profondes racines dans le pays et que, sous la direction de chefs particulièrement énergiques, elles restèrent longtemps fidèles à leur système de recrutement et d'organisation ; l'agence Tchu-Ping-Thung, chargée de raccoler et d'armer les recrues, fonctionnait récemment encore à Song-Phong, aux portes de Lao-Kay, et nul n'ignore aujourd'hui qu'après la disparition de Liu-Vinh-Phuoc, grand chef des pavillons noirs, une véritable entreprise de piraterie y avait été organisée sous forme d'une véritable société en commandite. En 1893, dit le colonel Pennequin, mieux documenté que quiconque sur cette question, le commerce chinois transitant par le fleuve payait encore un impôt annuel de 15.000 à 20.000 piastres et le quan-dao de Lao-Kay (autorité la plus élevée de la région) fournissait aux pirates, de gré ou de force, à Song-Phong même, tout le riz dont ils avaient besoin. De son côté, un chef pirate intelligent avait essayé d'importer au Yun-Nan le système d'occupation militaire simili-légale dont le Haut-Tonkin venait d'être débarrassé ; « Nguyen-Trieu-Tong, le chef de la bande de Tu-Long, évrivait en 1893 le colonel Pennequin, me demanda, dans l'entrevue que j'ai eue avec lui, de légitimer l'autorité qu'il exerce effectivement sur ce territoire ; son lettré apporta les registres d'impôt de vingt-deux cantons ; les sommes perçues étaient bien enregistrées, les corvées déterminées, les impôts en nature bien spécifiés, chaque village avait son compte courant ».

Malgré tout, la redoutable organisation a vécu. Sous l'inspiration non déguisée de Thuyet, Hoang-Tan-Loï sur le fleuve Rouge, A-Coc-Thuong sur la rivière Claire ont essayé, mais en vain, de reconstituer les anciens groupements ; le bluff de la restauration d'Ham-Nghi a laissé indifférentes les populations de la montagne ; et les sociétés secrètes elles-mêmes, ce puissant levier des affaires intérieures de la Chine et des pays vassaux, ont décidé, après avoir épousé un moment la querelle de l'ancien régent, de se désintéresser définitivement de la question, ne se souciant plus désormais, dit-on, que du renversement de la dynastie mandchoue.

La piraterie a donc perdu tout caractère politique. Elle ne peut plus, dès lors, compter que sur ses carabines, sur la valeur personnelle de ses adeptes et sur le talent des chefs à coordonner efficacement l'action d'individus pourvus de moyens d'attaque et de défense.

Sous ce jour nouveau, nous ne la craignons plus. Et voici un fait surprenant. Brave, fort, habile en stratagèmes, ayant de la montagne une pratique approfondie, trouvant parfois encore dans l'habitant un précieux auxiliaire, pourvu d'un excellent armement à répétition (winchester, colt, mannlicher, etc.), aventurier fugace, extrêmement mobile, sans inpedimenta, combattant quand et où bon lui semble, le pirate chinois ne connaît guère... que la défaite. Et pourtant qu'a-t-il devant lui, en définitive ? La « colonne », assemblage bizarre, hétéroclite, des gens étrangers au pays, étrangers aussi les uns aux autres par la race et par les idées, sujets à la fièvre, à la maladie, souvent inférieurs, par le nombre et par l'armement (jusqu'en ces dernières années, nos tirailleurs ont fait campagne avec de mauvaises carabines 74 usées, rayées jusqu'à l'âme), alourdis par des bagages et par un convoi. C'est qu'à vrai dire le pirate chinois ne cherche pas la victoire, son seul objectif étant le butin ; il ne craint pas la lutte, mais ne l'accepte qu'à contre-cœur et seulement lorsqu'elle est pour lui le moyen nécessaire pour durer un certain temps dans la région à exploiter. Ce que nous cherchons, nous, au contraire, c'est à le joindre et à le battre, et la supériorité du but poursuivi nous donne sur lui la supériorité morale, premier gage de succès. La nature si élevée, si désintéressée de ce but nous conduit à l'exploitation à outrance, immédiate, du moindre résultat tactique ; alors que pour le « giac » le succès obtenu (ou, plus exactement, le péril écarté) appelle le repos, les longues siestes, l'opium, il signifie pour nous fatigues nouvelles et nouveaux efforts jusqu'à réalisation complète du résultat final. On a vu quels résultats Hoang-Cao aurait pu, chef militaire sans alliage, atteindre incontinent sur la moyenne rivière Claire, après son succès inespéré de Tam-Ky. Sa passivité donna le temps au commandement supérieur de prendre des dispositions et à la colonne Bailly d'arriver. Quand il veut se battre, disons-le, le pirate chinois se bat fort bien :

sa défensive systématique est souvent agressive et toujours redoutable. Nous essaierons, à propos du combat, de faire ressortir par quels procédés, dont l'expérience a démontré la valeur, on peut cependant et on doit le battre.

Quoique passif en général, le pirate chinois ne l'est pas nécessairement en toutes circonstances, témoin les attaques de postes si fréquentes (et parfois suivies de succès) dans lesquelles il a fait preuve, à l'encontre de ses habitudes, du sens offensif le plus vigoureux. Il est donc capable d'offensive, et l'on aurait gravement tort, quand on marche contre lui, de s'endormir trop profondément sur la foi des on-dit. A tout prendre, d'ailleurs, l'embuscade, procédé d'accrochage qui lui est familier, n'est-elle pas une forme de l'offensive, et peut-on sans quelque scrupule qualifier de passivité le fait d'individus qui viennent audacieusement, et parfois en très petit nombre, se placer en travers de la route ou sur le flanc d'une colonne en marche ?

Bien que formés en bandes, sous la conduite de chefs éprouvés, les pirates chinois aiment à marcher par petits groupes, pour mieux dépister notre poursuite ; en général, du reste, ils vivent et combattent, dans la bande, par escouades de quelques hommes groupés autour d'un vieux « giac » de marque, le plus souvent vétéran de la grande guerre ; l'escouade comprend des combattants armés, pourvus de munitions, et des auxiliaires, véritables valets d'armes, qui assistent les combattants, enlèvent prestement morts et blessés, préparent les aliments et l'opium ; ces auxiliaires ne font pas, en général, le métier de coolies toujours imposé de gré ou de force aux habitants qui se laissent prendre. La bande, ainsi constituée, manœuvre avec beaucoup d'aisance à l'aide de quelques signaux élémentaires de la « trompe de guerre » renouvelée, pour la forme du moins, de la *tuba* antique et dont le son lugubre, répété sur tout le front d'engagement et souvent, comme feinte, sur nos flancs et sur nos derrières, se fait entendre du commencement à la fin du combat. Econome de ses munitions qu'il ne remplace que difficilement et à des prix très élevés, le « giac » ne tire le plus souvent que lorsqu'il croit pouvoir le faire « à coup sûr » et ne prodigue ses balles que dans des occasions et contre un objectif exceptionnellement favorables.

C) Le terrain.

Que dire du pays, du sol, qui ne soit connu à l'avance de tous ceux, coloniaux pour la plupart, ou familiarisés du moins avec les choses coloniales, que la lecture de ces pages aura pu tenter ? Nul n'ignore aujourd'hui cette montagne étrange comprise entre la basse terre annamite et les hautes assises du plateau du Yun-Nan, et dont les étages successifs sont classifiés non, comme dans nos Alpes ou dans les autres massifs européens, d'après la nature du sol ou les différences de productions (cultures, forêts, pâturages, neiges éternelles), mais par les variétés de races des populations qui l'habitent (zone des thaïs, zone des mans, zone des méos). Notre cadre restreint nous interdit toute discussion ethnologique. Qu'il nous suffise de rappeler que l'Annamite qui peuple le Delta du Tonkin forme aussi des agglomérations, d'importance toujours croissante depuis vingt ans, sur les rives des fleuves et des grands cours d'eau (fleuve Rouge, rivière Noire, rivière Claire, Song-Chay) ; que la race thaï, qui compte en Indo-Chine plus d'un million d'individus d'origine et de langue siamoises, tient les hautes vallées et les régions moyennes et que les régions supérieures sont peuplées par 150.000 immigrés environ, appartenant pour la plupart aux races man (ou yao) et méo, cette dernière occupant, en général, les plus hauts sommets ; Mans et Méos, venus de Chine à des époques relativement récentes, s'étagent en un nombre considérable de sous-races et de tribus, parfois ennemies les unes des autres et habitant à des altitudes variées suivant leur point de départ ; il semble que ces peuplades mongoles, transplantées dans un climat plus chaud que celui de leur pays d'origine, aient cherché à regagner en altitude le climat tempéré que le changement de latitude leur avait fait perdre. Ces « grimpeurs de rocher », les Méos surtout, dont le nom (en annamite et en chinois) veut dire « chat », nous parurent dans les premiers temps d'un abord difficile ; leurs affinités de race les faisaient pactiser avec les Chinois, et, fréquemment, les bandes trouvèrent en eux de bons auxiliaires (1) ; désabusés depuis, ils sont venus à nous franchement et loyalement, et nous pouvons aujourd'hui compter sur eux.

Revenons à l'étude du sol. Restant sur le terrain militaire, nous constatons que la montagne du Haut-Tonkin ne rappelle que d'assez loin nos montagnes d'Europe, et notamment ces arêtes nues, en lame de scie, caractéristiques de nos Alpes françaises séparant comme des murailles les vallées les unes des autres, à peu près impossibles à suivre ou à franchir (en dehors de quelques points de passage en nombre infiniment restreint), et délimitant ainsi de la manière la plus absolue les zones de marche et de manœuvre. Très différent d'aspect, notre terrain tonkinois est, d'autre part, un peu moins tyrannique. Couvertes par endroits de vastes forêts de bambou, en d'autres d'une haute et dense futaie, où parmi cent variétés nocives ou improductives prospèrent les plus

(1) Quelques tribus, les Nungs par exemple, très voisins du Yun-Nan, sont de pure race chinoise; nombre d'entre eux portent la « natte ».

précieuses essences (abaca, banian, bois de fer, bancoulier, arbre à laque, manguiers et lataniers géants) ; tapissées d'un taillis dru, d'aspect inextricable, fait d'une brousse sèche et dure, de bruyères robustes où s'enchevêtrent le rotin et la liane à caoutchouc, et où luttent péniblement pour vivre, comme étouffées sous les parasites, de petites plantes exquises, benjoin, ramie, patchouli, ylang-ylang ; coupées de précipices, de torrents, d'arroyos aux berges trompeuses, les pentes y sont, malgré tout, bien plus souvent que dans nos Alpes, accessibles à quiconque est guidé par une résolution énergique ; il est exceptionnel de s'y heurter à la brutale impossibilité et, avec de la persévérance et du cœur, on arrive presque toujours à manœuvrer une position. Bien que la densité de la population y soit présentement très diminuée par suite des ravages de la grande piraterie, la pénurie des ressources, bien caractérisée pourtant par endroits, n'y est, d'autre part, pas absolue ; à l'encontre de notre grande montagne d'Europe, celle-ci se tempère çà et là de paliers assez vastes (artificiels il est vrai, mais précisément rendus exécutables par un sol meuble, susceptible de culture), où prospèrent le riz dit « de montagne » et le pavot, père de l'opium, et où quelques familles arrivent à vivre sans trop de mal. Dans ce haut pays tonkinois (dont les cimes les plus élevées ne dépassent pas 2.000 mètres et où, par conséquent, glaciers et névés sont inconnus), nos colonnes opèrent d'ailleurs en général dans des régions moyennes en parties habitées et comprises entre 300 et 800 mètres (régions « man » et « thaï supérieure ») ; il n'y a donc pas, du fait des différences d'altitude, à redouter, comme dans nos Alpes, des variations climatériques appréciables et, pour une saison donnée, les conditions hygiéniques restent partout les mêmes, ce qui simplifie notablement le problème sanitaire. Pendant la saison froide, de novembre à avril, le climat local n'a, du reste, rien d'excessif, se révélant d'autant plus sain et plus agréable qu'on se rapproche des plateaux du Yu-Nan, sorte de terre promise, un peu surfaite évidemment, mais où l'on retrouve, avec le blé, la vigne et les fruits d'Europe, un peu de l'air et du bien-être de la mère-patrie. Toutefois, la bonne solution du problème sanitaire, point capital sur lequel nous ne saurions trop insister, exige impérieusement que les opérations soient limitées aux seuls mois d'hiver (de novembre au plus tôt à mai au plus tard) ; pendant le reste de l'année, et surtout tant que la saison pluvieuse reste bien établie (de juin à septembre), les mouvements de troupe deviennent à peu près impossibles ; devant des torrents débordés et des communications irrémédiablement coupées, toute tactique perd ses droits. « Le début des premières pluies, a dit le général Gallieni, clôt fatalement la période des opérations efficaces. »

Certaines parties du Haut-Tonkin, le Bang-Hanh, par exemple, le Couï-Cap et bien d'autres, sont des terres à peu près vierges, où l'on n'a trouvé trace d'aucun ancien peuplement et où la main de l'homme n'a ouvert jusqu'à ce jour que d'inappréciables éclaircies ; c'est dire quelles difficultés on y rencontre. Prise dans son ensemble, cette montagne est, du reste, par excellence, le terrain de la chicane, de l'embuscade ; elle se prête admirablement à la défense et à la guerre de partisans. Nous aurions tort de nous en plaindre, car, placé sur d'autres terrains, au lieu de se borner à la défensive pure, le pirate chinois eut acquis, sans nul doute, pour les besoins de son industrie, le fameux sens offensif, gage du succès. Seigneurs incontestés dans la montagne tonkinoise, le serons-nous jamais dans le plat pays des Touareg ?

Ce qui nous intéresse au premier chef, les *voies de communication*, assez rares encore, pourraient être cataloguées en :

Chemins de rizières (rizières de vallées ou rizières de montagnes), presque toujours faciles ;

Sentiers *thaïs* (au-dessous de 600 mètres) ; ce sont les bons sentiers de montagnes, comme le sont, dans nos Alpes, les « chemins dits muletiers » ;

Sentiers *mans* (de 600 à 1.000 mètres) ; la zone des repaires se trouve fréquemment à ces hauteurs, en sorte qu'on arrive presque toujours au contact de l'ennemi au moment où le sentier thaï (le bon) disparaît pour faire place à une mauvaise piste « man », allant de sommet en sommet, sans nul souci de filer la courbe ;

Sentiers *méos* (altitudes supérieures). Les pirates ne dépassent guère l'altitude des régions mans ; les colonnes n'ont, par suite, qu'assez rarement l'occasion de s'engager sur de telles voies, qui sont d'ailleurs le plus souvent déplorables comme tracé, exécution et entretien ;

Sentiers de fortune (constitués par le lit des arroyos et des torrents). La largeur de ces diverses voies de communication ne permet presque en aucun cas de marcher autrement qu'à la *file indienne*.

D) **De quelques procédés d'exécution.**

1° *Le renseignement.*

A la base de toute combinaison, qu'il s'agisse de grande ou de petite guerre, nous trouvons le *renseignement.* Sur notre terrain spécial, ce précieux fil conducteur se révèle ténu, cassant, aussi facile à perdre que difficile à saisir et à renouer. L'expérience a prouvé qu'on ne pouvait en demander la possession à un fonctionnaire régulier des deux moyens normaux d'investigation de la guerre continentale, l'*exploration* et la *sûreté*, agissant en fonction de la mission générale, dans cette dépendance assez étroite du gros des forces que justifient, dans la grande guerre, la saturation du théâtre d'opérations, le rapprochement des deux adversaires et, partant, l'orientation *a priori* des grands mouvements. Tout s'oppose ici à la mise en action de nos moyens réglementaires : la montagne, la forêt, la pénurie de voies de communication et surtout le rapport à peu près nul du terrain occupé par l'ennemi (d'ailleurs extrêmement mobile) à l'ensemble du théâtre d'opérations. Dans la brousse du Haut-Tonkin, une bande pirate est semblable à « l'aiguille dans une meule de foin » ; livrée à ses seules ressources militaires, notre malheureuse colonne s'acharnera vainement à mettre la main sur elle ; elle s'agitera dans le vide et s'épuisera en stériles efforts. Un moyen existe, un seul vraiment efficace, pour arriver à voir clair dans la région suspecte ; c'est de jouer de l'habitant... lorsqu'il veut bien s'y prêter... ou qu'il n'est pas en fuite. Qui n'a pas l'habitant pour soi est condamné à marcher à l'aveugle. Il semble qu'aujourd'hui sa confiance nous soit définitivement et partout acquise ; mais il n'en a pas toujours été ainsi et, il y a dix ans encore, sous Lang-Co-Lum, à Muong-Chun, à Couï-Cap, nous avions affaire, comme on l'a vu, à une population non pas précisément hostile, mais singulièrement craintive et méfiante ; aussi, malgré l'activité déployée, que de temps perdu, que de tâtonnements, que de fausses manœuvres ! Cependant, quel que soit son état d'esprit du début, à la suite d'avantages sérieux obtenus par nous, l'indigène se ravise toujours et se rallie avec empressement ; l'on voit alors, comme par enchantement, le renseignement surgir de tous côtés ; mais, à vrai dire, en pays hostile, le problème peut paraître à peu près insoluble, puisque le succès seul doit nous donner ces bons renseignements qui, d'autre part, nous sont indispensables pour réaliser le succès. Sortir élégamment de ce cercle vicieux est le fait du vrai chef de colonne ; c'est de l'art ou... de la chance. Disons, pour être plus exact, que, le plus souvent, une expérience personnelle de cette guerre peut seule, en pareil cas, permettre au chef de pressentir la vérité, de démêler le vraisemblable de l'absurde et de se donner, en quelque sorte, un objectif rationnel.

Au point de vue qui nous occupe, le concours de l'habitant peut s'affirmer de plusieurs manières :

1° Par des renseignements dont il n'a pas été nécessaire de provoquer la recherche (topographie locale, itinéraires familiers aux bandes, repaires traditionnels, nouvelles de la dernière heure se rapportant au passage actuel de la bande et que l'instinct naturel de la sûreté a poussé les indigènes à aller chercher à leurs risques et périls) ; ces renseignements que nous aurons, dans les villages, auprès des notables et des chefs, sont de beaucoup les plus sûrs ; ils serviront de base à nos premières opérations. Avant l'époque des grandes colonnes (qui furent reconnues nécessaires pour détruire le mal dans sa racine), les renseignements du début étaient presque toujours identiques d'une campagne à l'autre, les pirates ayant coutume de « hanter » les mêmes régions et même certains coins particuliers qu'ils affectionnaient parce qu'ils s'y trouvaient en sécurité ou parce qu'ils y vivaient bien.

2° Ce n'est pas tout. Le plan, bien assis, grâce à ces premières indications, il faut préparer minutieusement la prise de contact, le premier accrochage qui doit, autant que possible, réaliser une double condition de surprise et de violence, de manière à lui donner (ce serait l'idéal) l'importance d'un acte définitif. Mais, comme ce desideratum ne sera presque jamais atteint, il faudra se résoudre à aller recommencer plus loin, et, pour cela, afin de ne pas perdre le fruit d'un premier effort, conserver le contact soit par la poursuite tactique, soit par le renseignement sûr et actif, de manière à préparer le nouvel abordage.

La poursuite tactique est souvent impossible et, dans la plupart des cas, le chef ne pourra concerter ses nouvelles dispositions que sur des « on-dit ». Il faudrait cependant pouvoir compter sur ces « on-dit », car on ne marche sûrement, dans ces pays, qu'à la lumière « intense » du renseignement. En résumé, dans la préparation du premier accrochage et dans l'intervalle d'une échauffourée à une autre, c'est toujours l'habitant qui tiendra les grands premiers rôles ; il réalise tour à tour ce qu'en langage « cavalier » il est convenu d'appeler la découverte d'exploration et la découverte d'opérations ; émissaire (action isolée) ou partisan (action par groupe), il est la vue et le flair du chef de colonne, comme le sont, dans l'harmonieux système d'investigation de la guerre moderne, les reconnaissances d'officiers, hardies, légères, insaisissables et les gros d'escadrons moins agiles, mais plus forts.

Dans notre petite guerre coloniale, le service de renseignements est, toutes proportions gardées, de plus d'importance encore que dans la grande guerre ; sur nos théâtres d'opérations d'Europe, la faillite, même totale, de la cavalerie, n'entrainerait pas l'impossibilité absolue d'agir ; dans le domaine stratégique, de quasi-certitudes sur les zones de rassemblements ennemis et l'énorme saturation des régions frontières feront que « la masse attirera la masse » ; et, d'autre part, au point de vue tactique, l'infanterie pourrait à la rigueur, et dans une certaine mesure, se suffire. Là, au contraire, nous l'avons dit, il s'agit de retrouver « une aiguille dans une meule de foin » (et aussi de se garer du piège, de la mystérieuse embuscade tendue quelque part, dans l'ombre, sous nos pas). Sur la frontière de Lorraine, une excellente carte d'état-major nous livrera tous les secrets du terrain ; dans la montagne du Haut-Tonkin, nous avons tout au plus, en attendant mieux, l'ébauche grossière, le brouillon approximatif de la « future carte », document toujours insuffisant que l'indigène seul est, par ses indications, en situation de compléter et de parachever. On peut, il est vrai, obtenir, à cet égard, de réelles satisfactions. Thaïs et Mans ont de la mémoire, avec un sens affiné de l'orientation ; sur leur dire on arrive, à force de patience et de questions insidieuses, à compléter utilement les cartes dont on dispose et même à dresser de bons croquis par renseignements de régions à peu près inconnues. Nous avons vu les Thaïs de Nam-Tian reproduire avec de la terre glaise, en un relief expressif et très suffisamment fidèle, la région tourmentée du Couï-Cap où se décida le sort de la campagne. Notons en passant que, si l'on a la bonne fortune d'agir à proximité d'un poste régulier, ce qui est évidemment l'exception, car le pirate fuit systématiquement ce désagréable voisinage, on peut, à défaut même de toute connaissance du pays de la part du chef de poste, faire parfois sortir d'un coin ignoré de ses archives, des itinéraires, croquis et renseignements insoupçonnés de l'état-major. C'est, du reste, le cas de répéter ici qu'il y a presque toujours intérêt, sauf questions de personnes, à confier la conduite des opérations au commandant territorial lui-même, en général mieux outillé qu'un nouveau venu pour bien faire, et directement intéressé, du reste, à bien faire puisque, en somme, il travaillera tout d'abord pour lui-même.

Comme l'a dit excellemment le colonel Lyautey, « l'officier en mission est généralement dominé par la pensée de faire vite et brillant ; or, rien n'est plus contraire à la réalité coloniale, où les bonnes besognes sont lentes et obscures ».

C'est presque toujours en pays thaï (régions moyennes) que les colonnes auront à se procurer les renseignements essentiels, ceux du début en vue de la prise de contact. Dans ce pays, où le régime est féodal, l'indigène n'agit que par son chef ; le ly-truong, par exemple, chef de xa (commune), est, en règle générale, un seigneur héréditaire et non, comme en pays annamite, le délégué du conseil des notables. C'est donc aux chefs qu'il faudra s'adresser ; en les traitant avec déférence, en s'efforçant de les convaincre de notre rôle d'intervenants pacificateurs et justes, on pourra tirer d'eux autant qu'il sera nécessaire. Attachons-nous dans ces entrevues (l'Oriental est très formaliste) à proportionner les égards au rang social de notre interlocuteur, rang qui peut varier de celui de chef de clan (simple groupe de cases) à celui de quan-chaû (chef de chaû) en passant par chef de xôm (région cultivée appartenant collectivement à plusieurs clans) et ly-truong (chef de xa ou de commune). « Il faut, disait le colonel Pennequin, être juste, modéré, accueillant et... respectueux des usages. » Il nous faut faire honneur, avec une gravité bienveillante, à l'accueil de ces braves gens, accueil simple, grave et non dénué de grandeur. Tous ces chefs, à moins, ce qui sera évidemment de plus en plus rare, qu'ils ne soient de connivence avec les pirates, se feront un devoir de nous renseigner et de nous faire guider ; moins fins, mais aussi moins dissimulés que les Annamites, ayant accepté loyalement, parce que dans leur propre intérêt, notre domination aux lieu et place de celle des anciennes bandes, thaïs de marque ou thaïs de basse condition sont, à de rares exceptions près, auxiliaires fidèles, serviables et hospitaliers.

Cependant, même quand on a affaire à des gens bien intentionnés, interroger un indigène et surtout en tirer des choses précises n'est pas sans présenter de sérieuses difficultés. « Il faut être patient, disait le colonel Pennequin, n'être jamais trop pressé ; le temps n'a guère de valeur pour l'indigène. Etre indulgent aux mensonges, ajoutait-il ; l'indigène, toujours traqué, essaie d'échapper aux charges ou à la responsabilité ; quand vous aurez démêlé la vérité, il reconnaîtra sans peine qu'il avait menti. » Interroger les indigènes séparément, de manière à les contrôler les uns par les autres et surtout ne pas se laisser déconcerter par le « bô mi giac (1) » traditionnel qui dissimule toujours une envie maladive de se soustraire à toute question, ou par le « bô dai (2) » du timide ou du paresseux qui se refuse à marcher. Doubler sans hésiter les évaluations de l'indigène en durée de parcours ; là où il met trois heures, la colonne, avec ses Européens et ses bagages, en mettra bien six ou sept. La complication de l'interprète augmente singulièrement encore la difficulté naturelle d'arracher des renseignements au montagnard tonkinois, d'autant que le lettré annamite, ou le gradé de même race qui, à défaut d'interprète régulier, en fait lui-même fonctions, est, en général, loin de connaître suffisamment l'idiome local (thaï, quan-hoa, etc.), et que l'interrogé, s'il est du commun, n'a lui-même, le plus souvent, qu'une bien vague teinte de la langue annamite. On conçoit le labeur de pareils entretiens, si l'on veut bien se rappeler, en outre, que, dans la haute région, les localités, les cours d'eau, les grands accidents du sol portent toujours plusieurs dénominations différentes (annamite, thaï, man, etc.). Heureux l'officier qui, dans le loisir des postes, a su au préalable acquérir les notions linguistiques et géographiques indispensables ; l'usage de l'interprète lui reste utile, mais pouvoir le contrôler, c'est gagner la moitié du temps. Ajoutons cependant que, fort heureusement, la plupart des chefs thaïs ou mans de quelque importance parlent couramment la langue annamite ; nouveau motif pour s'adresser de préférence aux

(1) « Il n'y a pas de pirates. »
(2) « Il n'y a pas moyen. »

chefs toutes les fois que faire se peut. Les langues thaï et quan-hoa sont plus faciles que la langue annamite et le quan-hoa est particulièrement utile dans les régions supérieures, chez les mans et les méos, qui ignorent l'annamite et parfois même le thaï ; du reste, une connaissance approfondie des dialectes montagnards n'est pas indispensable : un vocabulaire d'une centaine de mots se rapportant aux termes usuels (terrain, distances, temps, etc.) peut rendre d'inappréciables services.

Une précaution essentielle pour le chef de colonne consiste, avant la mise en mouvement initiale, à se documenter le plus minutieusement possible sur l'historique militaire de la région où il doit opérer ; nous avons vu, dans les opérations du Couï-Cap (région des Mans-Xungs), des situations, des mouvements, des renseignements presque identiques se reproduire à dix années d'intervalle : pour le pirate, la guerre, au Tonkin, est un perpétuel recommencement.

Un mot des *émissaires* et des *partisans*.

En guerre continentale, le commandement s'oriente grâce aux indications fournies :

1° Par le service des renseignements (service secret) ;

2° Par la cavalerie ;

3° Eventuellement, par les éléments du service de sûreté.

On a dit quelquefois que, dans le Haut-Tonkin, les agents dits *émissaires* correspondaient au *service secret* et les partisans à la *cavalerie*. La comparaison est inexacte. Essayons de définir le rôle des uns et des autres. Nous avons vu qu'en général les opérations s'engageaient sur des données fournies *sponte suâ* (ou tout au moins sans mise en mouvement préalable par nous) par les villages limitrophes de la région infestée ; ces renseignements généraux portant sur les points de stationnement des bandes, leurs habitudes, leur force, les particularités topographiques du terrain dangereux, etc., correspondent précisément aux indications préalables que les états-majors demandent au « service secret » ; indications essentielles sans nul doute, mais nécessairement incomplètes et insuffisantes à permettre, à elles seules, d'orienter définitivement le commandement en vue de la prise de contact. C'est alors qu'entre en action l'*émissaire*. Suggestionnés par le raisonnement et... par la piastre, quelques Thaïs ou Mans, plus vaillants et plus audacieux, se risquent, à l'instigation du chef de colonne et des autorités locales convenablement endoctrinées, à pousser des pointes plus précises vers la région des repaires, afin d'élucider tel ou tel point particulier dont la connaissance s'impose ; coups de sonde isolés, discrets, indépendants, antennes invisibles, dont le but est, sans donner l'éveil à l'ennemi, de préparer l'abordage initial, la surprise. On ne saurait mieux les comparer qu'aux éléments légers de l'exploration, à la *découverte*, dont le but n'est pas de combattre, mais de *voir sans être vu*. Plus tard, quand il s'agira seulement de conserver le contact, quand il n'y aura plus guère de surprise possible pour l'ennemi et *a fortiori* s'il pouvait y en avoir pour nous, la découverte par coups de sonde isolés perdra toute efficacité et le renseignement ne pourra plus être assuré que par des groupes de partisans présentant, avec les qualités indispensables de mobilité, de vitesse et d'expérience du terrain, une certaine capacité offensive et défensive indispensable pour lire dans le jeu d'un ennemi averti.

En résumé, au point de vue de l'enseignement :

a) Les *populations* (notables, chefs indigènes locaux) nous fournissent les bases du plan d'opérations (service secret) ;

b) Les *émissaires* orientent définitivement le commandement sur la préparation de l'abordage initial (découverte d'exploration) ;

c) Les *groupes de partisans* maintiennent le contact et nous tiennent au jour le jour au courant des mouvements de l'ennemi (découverte d'opérations).

Cette distinction purement arbitraire, établie seulement pour fixer les idées, n'a d'autre valeur que celle d'une indication générale, d'un schéma ; à la guerre, comme on l'a dit très justement, il n'y a que des « cas d'espèce » ; c'est au chef qu'il appartient de jouer de son personnel au mieux des circonstances et des aptitudes particulières de chacun.

Les auxiliaires dits « partisans », habitants les plus aptes de par leur âge et leur tempérament physique et moral à un bon service de guerre, armés en général par nos soins, nous rendent aujourd'hui les plus précieux services ; c'est la cavalerie légère de la brousse, ce sont les yeux de la colonne. Mais, pour en obtenir l'effet utile voulu, il est indispensable de les libérer de toute contrainte ; leur assigner une mission, mais leur laisser entièrement le choix des moyens ; ne pas leur rogner les ailes, mais ne pas prétendre non plus les faire marcher malgré eux. On a essayé parfois avec succès, au cours des dernières campagnes, de leur donner, pour la durée des opérations, des chefs européens (officiers et sous-officiers). Il y a quinze ans, le colonel Pennequin avait déjà tiré de cette combinaison des résultats extraordinaires, mais c'est là chose assez délicate, demandant beaucoup de doigté ; ce qu'il faut éviter à tout prix, c'est de mettre ces braves gens, même très provisoirement, sous les ordres de gradés annamites ou autres indigènes, même très intelligents, d'une race différente de la leur.

Puisque nous sommes sur le chapitre du « partisan »,

ajoutons que cet auxiliaire n'est plus seulement aujourd'hui un instrument d'exploration ; il est devenu par degrés insensibles un véritable outil de combat. Aux premiers temps de l'occupation, une bande pirate qui tenait absolument à se maintenir dans une région déterminée en était quasi indélogeable ; ce n'était qu'à force de prises de contact réitérées, d'efforts inouïs, de pertes sanglantes qu'on finissait par lui persuader qu'elle devait partir. Aujourd'hui, où l'habitant est pour nous, on peut, grâce à lui, exploiter un premier succès et obtenir à meilleur compte des résultats plus rapides et plus décisifs. Il est donc permis de dire, en résumé, que les partisans *préparent*, *facilitent* et *parachèvent* le succès.

« L'emploi de la population, disait déjà, en 1893, le colonel Pennequin qui, le premier, a résolu dans le Haut-Tonkin le problème des races et a su tirer des indigènes le parti que l'on sait, l'emploi de la population a partout été fécond en bons effets. Les Mans viennent chercher des fusils, des munitions ; on leur donne du riz, un papier pour les chefs des postes voisins ; ils courent de Bao-Ha à Khanh-Yen, à Vu-Lao, à Lang-Nhu, à Thaï-Van, à travers la montagne, marchant souvent la nuit, ne tombant que par surprise sur les pirates, fuyant sans vergogne s'ils sont éventés et rapportant des têtes. Les pirates chinois sont épouvantés de ce genre de guerre ; ils me l'on dit à Lao-Kay... »

A huit ans de distance, le colonel Riou a dit, dans son remarquable Rapport sur les opérations du 2e territoire (avril-mai 1901) : « Les habitants, cachant dans leurs grottes leurs femmes, leurs enfants, leur bétail et leurs vires, faisaient le vide devant les pirates qui ne trouvaient pas à se ravitailler ; puis, dès l'arrivée des troupes françaises, venaient donner des renseignements sur l'ennemi. Les partisans, conduits par leurs autorités indigènes, nous ont servi admirablement de guides. Infatigables et acharnés dans la poursuite, ils ont montré souvent de la bravoure et de l'initiative ; les reproches qu'on a pu leur faire ne sont pas justifiés ; il est impossible de demander à des gens sans cohésion et sans instruction militaire de combattre comme les troupes régulières. Les partisans se battent à leur manière, et bravement ; mais ils ne comprennent pas qu'on se lance sur l'ennemi au risque de se faire tuer ; dissimulés dans la brousse et agissant à peu près individuellement, ils harcèlent l'ennemi, coupent la tête aux traînards et aux maraudeurs, tournent les positions et finissent, après longtemps, c'est vrai, à rendre impossible la vie aux pirates. Avec une pareille manière de combattre, on conçoit que c'est une erreur de lancer des partisans à l'assaut. »

On ne saurait mieux dire.

De tous les partisans, Thaïs, Mans, Nungs, Méos, etc., ceux de race *man* nous ont semblé les plus précieux. Plus nomades qu'agriculteurs, grands chasseurs de fauves et habitués à jouer avec le danger, les Mans qui vivent aux altitudes fréquentées par les pirates et ont même très fréquemment servi dans leurs bandes soit de force sous la menace, soit de gré pour se venger des Thaïs, quand ces derniers les opprimaient, connaissent admirablement les mœurs et la tactique du giac ; aussi, depuis qu'ils ont éprouvé nos bonnes intentions et notre esprit de justice, sont-ils devenus nos meilleurs auxiliaires. Qui n'a entendu parler, au Tonkin, des extraordinaires prouesses des Mans du Dong-Quang, grâce à qui, non moins certainement qu'aux grandes colonnes du Nord, la puissance militaire d'A-Coc-Thuong n'a été pour nous qu'une alerte éphémère, un cauchemar sans lendemain ?

Aujourd'hui, la plus grande partie des populations montagnardes est armée par nos soins, et, en cas d'incursion pirate, il n'est pas de village où les colonnes d'opérations ne puissent lever au passage quelques bons et braves fusils. Dans les régions où la crainte du pirate est passée à l'état endémique, ces partisans forment même parfois de véritables milices semi-régulières établies dans de véritables postes. A vrai dire, nous croyons fermement qu'il y a là un danger ; l'indigène (irrégulier) se garde peu ou point, il n'attache de plus aucun point d'honneur excessif à la défense de sa petite *place ;* de là ces coups de main, presque toujours suivis de succès, tentés par les bandes pirates sur les postes de partisans, résultats fâcheux pour nous, non pas tant par le dommage matériel qui en est la conséquence que par l'effet moral produit dans le pays et par la complication forcée que ces contretemps apportent aux premières opérations. Autant les postes réguliers commandés par de bons chefs sont précieux, indispensables pour l'occupation effective d'un pays, autant les postes de partisans, les semblants de postes, sont inutiles ou dangereux. Si, comme il arrive parfois, on est amené, par suite des circonstances, à créer des postes provisoires, premiers jalons de l'occupation effective du lendemain, il ne faut pas craindre d'y installer un noyau de *réguliers*, ayant comme chef un Français énergique et intelligent ; sinon mieux vaudrait peut-être y renoncer.

En résumé, le rôle de l'élément indigène local dans les opérations militaires tiendra dans ces quelques termes usuels, d'application seulement approchée en l'espèce, mais dont le sens général traduit exactement notre pensée, savoir : *Exploration*, *maintien du contact*, jusqu'à un certain point même *sûreté éloignée*, *action sur les flancs et sur les derrières*, *poursuite*. C'est, dans ses grandes lignes, le principal du rôle dévolu en guerre continentale à la *cavalerie*.

2° *La sûreté.*

Instruits par de cruelles leçons, nos chefs coloniaux, du plus humble au plus élevé, possèdent et appliquent maintenant sans défaillances cette notion fondamentale trop longtemps méconnue dans l'armée française ; et, pour ne pas sortir de notre terrain spécial du Haut-Tonkin, nous dirons même que l'on s'y garde trop, si l'on entend par là que le luxe des précautions prises est parfois hors de proportion avec le rendement pratique de l'instrument de guerre. Le service de sécurité, éprouvant (surtout la nuit) le moral plus encore que le physique, ne doit être appliqué qu'avec discrétion ; n'oublions pas que dans la brousse tonkinoise, où, aux fatigues inhérentes à la marche en montagne s'ajoutent toutes les causes d'usure organique attribuables au climat, l'Européen a besoin de tout son sommeil, d'un repos complet du corps et de l'esprit pour réparer les forces dépensées. Ceci vise, bien entendu, la moyenne de nos soldats. Nous savons, en effet, que certaines natures d'élite, particulièrement bien organisées au physique et au moral, peuvent, pendant quelque temps au moins, supporter impunément des labeurs que d'autres trouveraient excessifs, et c'est de ces exceptions précieuses que nous avons voulu parler plus haut en disant qu'on devait les faire intervenir dans la masse de l'élément indigène comme « le levain dans la pâte ». C'est ainsi qu'au point de vue spécial qui nous occupe, sachant pertinemment que le tirailleur annamite n'est, par nature, qu'un éclaireur assez inattentif (sûreté en marche), qu'il s'endort sans fausse honte en faction (sûreté en station), le commandant de la colonne aura bien soin de tenir en tout temps aux trousses de ses « linhs », pour les garder éveillés et tirer le rendement maximum de merveilleuses aptitudes latentes, quelques-uns de ces bons dogues musclés et racés qu'on découvre si aisément parmi nos marsouins ou nos légionnaires, et grâce auxquels le chef, enveloppé d'une atmosphère sûre de vigilance, peut s'absorber, sans arrière-pensée, dans ses combinaisons ou s'abandonner un moment à l'indispensable repos. Il n'abusera pas d'ailleurs de ces bonnes volontés si faciles à faire surgir, se contentant du personnel strictement nécessaire et « réservant l'excitant moral pour les grandes occasions ».

En marche comme en station, quelles que soient la précision et la portée du renseignement fourni par les auxiliaires, l'organisation d'un service de sûreté immédiat sera toujours indispensable.

Nous y reviendrons à propos des marches.

Au bivouac (mode de stationnement normal), il ne faut pas absolument se fier à la passivité d'un adversaire qui a su parfois profiter des occasions. Ajoutons que la nature du pays couvert et coupé à plaisir rend inutile le luxe d'un réseau régulier de sécurité.

Emplacements éventuels de combat bien indiqués dès l'arrivée sur le terrain avec, s'il y a lieu, les quelques travaux indispensables qui en seront le corollaire, bivouac d'alerte (l'arme à portée de la main), deux ou trois postes à la cosaque (chacun sous un chef européen responsable) sur les sentiers d'accès et les points commandant le terrain, tel sera le procédé normal, le moyen nécessaire et suffisant. Il est à peu près superflu de détacher, de nuit, des rondes et des patrouilles qui ne pourraient, en général, pas faire dix pas en dehors des sentiers et qui risqueraient, en revanche, de tomber sinon dans la main des pirates, du moins sous la griffe de deux autres grands rôdeurs nocturnes, le tigre et la panthère. Il convient même de ne pas détacher à distance les sentinelles qui gardent immédiatement le bivouac ; en 1892, dans les colonnes du Yen-Thé, trois tirailleurs furent enlevés par le « ong-cop », le seigneur tigre. De jour, au contraire, les circonstances les imposent le plus souvent ; leur portée sera d'autant plus grande que le séjour sur les mêmes emplacements aura été plus long. Tout cela rentre d'ailleurs dans la *sûreté immédiate ;* car, à tout prendre, les partisans (ayant à leur tête, s'il y a lieu, des chefs européens) doivent être considérés comme l'élément principal, unique même, de la sûreté éloignée en même temps que de l'exploration. Sur notre terrain spécial, la sûreté « éloignée » ne revêt au surplus qu'une importance à peu près négligeable ; il nous suffit, en règle générale, étant donné l'ennemi auquel nous avons affaire, de savoir à quel terrain il s'est accroché et de l'y rejoindre sans accidents ; *renseignement* et *sûreté tactique* sont donc nos besoins essentiels, suffisants à la réalisation du but poursuivi.

La mention des partisans à propos de la sûreté nous amène à signaler la méprise si fréquente des premiers temps de l'occupation, où de braves auxiliaires, Mans, Nungs (qui portent la queue à la chinoise), des Thaïs mêmes, pris pour des pirates, ont essuyé quelquefois, même de jour, le feu de nos patrouilles ou de nos sentinelles. Bien que ces sortes d'erreur se fassent de plus en plus rares, il sera bon, néanmoins, pour les éviter, de convenir à l'avance avec les partisans d'un signal de ralliement simple et commode pour la rentrée de nuit des porteurs de renseignements.

3° *La marche.*

De toutes les causes d'usure qui, dans le Haut-Tonkin, peuvent réduire à rien la troupe la plus vaillante et la mieux entraînée, la *marche* demeure comme en nos pays la principale, ou, pour mieux dire, c'est elle presque toujours qui traîne à sa suite le funeste cortège de toutes les autres (fièvre, dysenterie, insolation, accidents de toute sorte dont le moindre, la simple entorse, immobilise parfois irrémédiablement le fantassin). Dans la première période de ses opérations, faite uniquement de marches prolongées du fleuve Rouge à la rivière Claire ou bien dans le Bang-Hanh, à la suite d'Hoang-Cao, la colonne du Haut-Song-Con laissa sur son chemin, à tout jamais perdus pour elle, les deux tiers de son effectif européen et un quart de son effectif indigène ; dans la deuxième période (prise de contact, combats sous Lang-Co-Lum sans déplacements pénibles), elle n'eut guère d'autres déchets que les pertes subies au feu, soit un vingtième de l'effectif.

Ces déchets effrayants dus à la marche se produiront presque fatalement toutes les fois que la troupe sera vraiment appelée à de gros efforts. Le plus simple bon sens indique de chercher à les réduire le plus possible dans tous les cas, en n'exigeant du personnel que l'effort indispensable, strictement imposé par la situation, en particulier en évitant à l'élément européen toute fatigue accessoire (chargement, gardes, corvées, etc.).

Nous avons parlé précédemment des éléments des colonnes, des groupes mixtes. Jusqu'à la prise de contact, l'indépendance des groupes n'existera pas en fait, la colonne progressant presque toujours d'un bloc, par un itinéraire unique, et sous la protection d'une seule avant-garde. Ceci se passe, pour la commodité de la marche, loin de l'ennemi, tant que nulle combinaison tactique ne se trouve en germe dans l'ordre de mouvement. Comme nous le verrons à propos du combat, dès qu'il y a combinaison, l'indépendance du groupe mixte reprend tous ses droits ; et, dès ce moment, il devient à la fois unité de marche et unité de tactique.

Qu'il s'agisse de colonne, de groupe ou de simple détachement, la manière de marcher ne variera guère.

A l'avant-garde, une troupe de composition mixte comprenant :

a) Des partisans (1) et des tirailleurs, indispensables pour voir et patrouiller ;

b) Des Européens pour les appuyer et prévenir l'idée même de débandade. Les uns et les autres sont allégés au maximum de tout chargement encombrant, mais pourvus en revanche de bons outils de terrassement et de destruction et placés sous les ordres d'un officier (ou, si l'effectif ne le permet pas, d'un sous-officier vigoureux et intelligent) ayant à sa disposition immédiate un ou plusieurs guides sûrs.

Au gros, le commandant de la colonne, ayant auprès de lui son adjoint, le chef indigène qui centralise les renseignements, l'interprète, un clairon et un petit groupe de tirailleurs choisis pour transmettre les ordres et immédiatement suivi de son arme spéciale, de la réserve d'Européens.

A l'encontre de ce qui se passera dans nos guerres continentales, où la place normale du chef est à l'avant-garde, dans notre petite guerre, au contraire, cette place sera au corps principal ; le faible effectif de la troupe et la distance très réduite qui sépare le gros de son avant-garde ne nécessitent aucunement la présence du chef au milieu de ses éléments de tête ; d'autre part, quel que soit son désir de donner l'exemple et de payer de sa personne, il ne doit pas s'exposer à tomber sous les premières balles dans la fatale embuscade où, malgré tous les renseignements, malgré toutes les précautions prises, tombent si souvent encore les avant-gardes de nos

(1) Ces auxiliaires, destinés à guider la colonne et à concourir à la sûreté immédiate, ne doivent pas être confondus avec les groupes de partisans du service des renseignements chargés de l'exploration et, dans une certaine mesure, de la sûreté éloignée.

colonnes, laissant, par sa disparition subite, tout son monde dans le désarroi, précurseur de l'insuccès final.

Les autres unités suivent immédiatement, chaque groupe encadrant étroitement son petit train de combat, et le dernier élément détachant en arrière-garde une fraction constituée de faible effectif (demi-section ou escouade).

Quel sera le rôle de l'avant-garde ? Le renseignement nous est donné à distance par les auxiliaires ; d'autre part, en raison de l'attitude expectante, passive même en principe, de notre adversaire, le commandement conservera dans tous les cas (même dans l'hypothèse de l'embuscade) la libre disposition du gros de ses forces, ce qui lui permettra presque toujours d'assigner en temps utile à une fraction déterminée (colonne, groupe, détachement) la mission de fixer l'ennemi, ou, comme nous le verrons, pour être plus exact, d'agir démonstrativement contre une position où l'ennemi se fixe volontairement lui-même. Il ne restera donc à l'avant-garde d'autre rôle que de *prévenir la surprise* et d'*ouvrir la voie*, rôle assez important d'ailleurs pour que le commandement de l'avant-garde ne soit confié qu'à un officier éprouvé. « Toute affaire avec les pirates, a dit le général Gallieni, débute en général par une embuscade dans laquelle donne l'avant-garde. De là l'impossibilité bien reconnue de constituer l'avant-garde avec des indigènes seulement. »

La première pensée de ce chef de l'avant-garde sera de chercher à éventer la fâcheuse embuscade ; dans les régions du fleuve Rouge, la possibilité de ces sortes de traquenards ne tient pas essentiellement, comme dans les régions de cirques de la frontière du Quang-Si, à l'existence de points de passage obligés en forme d'étranglements ; elle provient aussi du fait de la densité extraordinaire de la brousse, et l'on peut dire que l'embuscade y est presque partout possible. D'autre part, le jeu des flancs-gardes n'y est pas pratiquement exécutable, le terrain n'offrant que bien rarement les communications latérales indispensables, et quant à prétendre faire fonctionner un service de sûreté à travers la forêt, autant dire d'emblée qu'on se résigne à n'avancer que de 3 kilomètres par jour. Marchera-t-on, en conséquence, au petit bonheur ? Non certes, puisque la sûreté des flancs peut être assurée, en somme, par le concours simultané du renseignement éloigné (partisans), du jeu des patrouilles à faible rayon, suffisant d'ailleurs pour préserver de l'embuscade fixe établie nécessairement (vu la densité du couvert) à peu de distance du chemin suivi, de la surveillance incessante de la part des gradés, du terrain lui-même, parfois inaccessible à l'adversaire. (Nous verrons, à propos du combat, qu'un même terrain, pratiquement imperméable à des éléments de sûreté qui doivent aller vite, ne l'est plus en général pour l'exécution à loisir, le coupe-coupe à la main, du mouvement tournant en vue de l'attaque d'une position.)

L'avant-garde ouvre la voie à la colonne ; nous entendons par là la pioche ou le coupe-coupe à la main, à travers les obstacles matériels accumulés sur sa route. Ces obstacles au mouvement se rattachent à trois groupes essentiels : escarpements, couverts, cours d'eau, sans parler des défenses accessoires que l'ennemi jettera parfois en travers de notre chemin (mais ceci est proprement du domaine du combat). Presque toujours les escarpements et les couverts peuvent être vaincus dans un délai raisonnable et sans que la colonne en ait pour trop longtemps à piétiner sur place ; nos tirailleurs tonkinois, doublés d'auxiliaires, acquièrent vite l'expérience du service pénible qui consiste à abattre le bambou et le taillis pour élargir et même pour créer un sentier, à ménager une rampe rapide au passage d'un arroyo ou à tailler des gradins dans une pente abrupte. Pour ce travail, dont la nécessité n'est pas à démontrer, deux ou trois escouades de tirailleurs, désignées à tour de rôle dans le groupe d'avant-garde et renforcées d'un nombre à peu près égal d'auxiliaires, sont réparties par petits ateliers (dirigés chacun, autant que possible, par un troupier européen) entre la pointe, la tête et le gros de l'avant-garde ; chaque indigène étant muni de son coupe-coupe habituel, les autres outils seront d'un rendement utile à raison d'une pelle-bêche et une pioche par atelier de cinq ou six tirailleurs en moyenne, cette proportion devant être augmentée naturellement d'autant que les pentes seront plus rapides et le terrain plus coupé.

A propos de la distance d'avant-garde, il est bon de rappeler que, sur certains terrains, coupés et moyennement couverts, si cette distance était trop grande, les fractions qui suivent risqueraient parfois de s'égarer. Il vaut mieux, dans ce cas, marcher d'un bloc avec le jeu strictement suffisant entre les fractions. Si le terrain exige des travaux de débroussaillement, il est préférable, au contraire, de donner un certain champ à l'avant-garde chargée de préparer la voie. On évite ainsi au corps principal l'inconvénient de piétiner sur place et, d'autre part, l'on est toujours certain, grâce aux indices résultant des travaux exécutés, que le gros ne sortira pas de la bonne piste. Au contact immédiat, le jeu des éléments sera toujours serré.

L'obstacle présenté par les arroyos, et surtout par les cours d'eau d'une certaine importance, est parfois bien autrement sérieux que les précédents. Au moment des hautes eaux, certains d'entre eux peuvent même passer pour infranchissables ; mais nous devons admettre que l'on n'opérera qu'à la saison favorable, de novembre à mai ; faute de quoi l'on se ménagerait évidemment de désagréables surprises. Au Tonkin, en montagne comme en plaine, l'eau coule partout à flots ; il faut compter avec ce sournois élément, dont l'excessive abondance est en toute saison une gêne constante pour les colonnes ; souvent le lit même des torrents et des arroyos sera notre unique chemin; d'autres fois, plus heureux, nous n'aurons à couper que dix fois, vingt fois en une heure le petit cours d'eau dont la vallée ouvre, entre deux berges impénétrables, la seule voie d'accès d'un massif. En règle générale, il est vrai, le torrent ou l'arroyo, peu large, sans profondeur, presque toujours guéable aux points de passage du sentier, ne constituera pas un obstacle proprement dit. Les difficultés commenceront avec les « sôngs » ou les « ngoïs » d'une certaine importance. Sur ces cours d'eau, pas de ponts ou parfois seulement une passerelle branlante que le dixième fantassin verra crouler sous ses pas ; d'autre part, le gué commode, à portée, manque souvent, et les recherches pour en trouver seront quelquefois longues et difficiles. N'oublions pas qu'étant donnée la vitesse des eaux dans ces régions, un gué ne saurait être emprunté sans danger que si sa profondeur n'excède pas de 70 à 80 centimètres, et qu'il nécessitera toujours un balisage préalable. Faute de pont et de gué, il ne nous restera plus qu'un moyen de nous tirer d'affaire : la construction de radeaux, toujours possible, il est vrai, grâce au précieux bambou ; une cinquenelle (en rotin ou en corde), tendue d'une rive à l'autre, facilitera grandement le va-et-vient ; son emploi rendra d'ailleurs des services même pour le passage à gué. (Le cheval nu et soutenu légèrement par le licol, que du radeau tient le tirailleur ou le ma-phu, nage parfaitement, mieux dans tous les cas que nos chevaux d'Europe ; il en sera de même du troupeau.) Le passage en radeau demande beaucoup de temps. Pour faire franchir un cours d'eau de largeur moyenne (de 20 à 30 mètres) à un groupe mixte de 150 fusils avec son train de combat, temps de la construction des radeaux et de l'installation de la cinquenelle compris, il faut compter environ trois heures ; une colonne de deux groupes (chacun de ceux-ci, comme il arrive, étant supposé obligé de franchir la rivière au même point) perdrait donc de ce fait presque une demi-journée. L'on conçoit donc l'intérêt qu'il y a, pour hâter l'opération, à faire reconnaître plusieurs points de passage simultané et à faire exécuter à l'avance tout le travail préparatoire. Les ordres à transmettre à cet effet aux chefs de village, la réquisition des travailleurs, la confection du matériel seront du ressort de nos partisans, dont la fraction principale marche avec l'avance nécessaire (cinq ou six heures au moins) ; c'est surtout dans ces circonstances qu'on apprécie la présence à la tête des auxiliaires de chefs européens ayant de la décision et de l'autorité. Malheureusement, c'est précisément dans la région intéressante, dans celle des « repaires », que la main-d'œuvre nous manquera, l'habitant ayant fait le vide devant la bande ; d'où retard, difficultés, et parfois exécution du plan compromise. On voit que le problème n'est pas toujours facile à résoudre ; la meilleure solution consistera évidemment dans ce cas à multiplier les reconnaissances de partisans, de manière à trouver le plus tôt possible le ou les bienheureux gués qui doivent rapidement nous tirer d'affaire.

Revenons aux conditions de la marche en général.

La formation normale de marche à la *file indienne*, seule possible ici, offre non seulement l'inconvénient d'augmenter singulièrement la profondeur des colonnes, mais aussi de diminuer l'automatisme de la marche, la possibilité de la surveillance et de supprimer l'entraînement de l'homme par ses camarades de file ; les distances se perdent, et finalement l'état d'usure physique et les difficultés du terrain s'ajoutant aux inconvénients précités, la profondeur qui en résulte n'est pas seulement de quatre fois la profondeur normale d'une troupe par quatre, mais bien de six, huit ou même davantage. Il faut compter qu'avec des difficultés moyennes de terrain un groupe de 200 fusils, avec son train de combat spécial, mettra de dix à douze minutes au moins à s'écouler. Une petite colonne de deux groupes avec son convoi en mettra de trente à trente-cinq, ce qui dépasse la durée normale d'écoulement sur nos bonnes routes de France d'un régiment d'infanterie sur pied de guerre.

La vitesse de marche est bien difficile à évaluer par ce fait que le parcours en montagne tonkinoise est loin d'être partout comparable, que la brousse dense ou la pente abrupte y alternent, très irrégulièrement d'ailleurs, avec d'agréables paliers de rizières dessinant aux flancs des montagnes d'immenses courbes de niveau ; elle est, à vrai dire, aussi variable que le terrain lui-même. Pour ces motifs, la mesure par l'altitude dont on s'élève (300 mètres par heure dans le terrain relativement homogène de nos Alpes) ne sera pas pratiquement applicable ici. Pour essayer de l'évaluer en distance, une moyenne, calculée sur une vingtaine d'exemples tirés de la colonne du Haut-Song-Con, nous a donné un résultat un peu inférieur à 2 kilomètres (projection horizontale du tracé). Etant donnée, d'autre part, l'impossibilité, pratiquement démontrée, de marcher couramment plus de huit heures par jour, on voit que nos étapes journalières dépasseront rarement de 15 à 16 kilomètres.

Quand nous aurons dit que les haltes horaires ne seront plus suffisantes, si ce n'est exceptionnellement dans de longs parcours de rizières, que l'on s'arrêtera au contraire de vingt en vingt minutes, souvent même de quart d'heure en quart d'heure, pour souffler et laisser souffler coolies et animaux, que la grand'halte est de rigueur pendant les heures chaudes de la journée, que les marches prolongées ou forcées, les marches de nuit (bien que souvent indispensables) font rapidement tomber à rien les effectifs, quand nous aurons rappelé enfin aux prescriptions hygiéniques et alimentaires dont nous avons parlé précédemment, que pourrions-nous ajouter encore à ce chapitre qui ne soit connu de tous ou ne ressortisse au simple bon sens ?

4° Après la marche qui use, le *stationnement*, qui refait ou qui... achève. A l'encontre de ce qui se passe et doit normalement se passer dans nos pays d'Europe, le bivouac est ici la règle, le cantonnement l'exception. Qui dit case indigène, surtout en montagne, dit en effet vermine, défaut d'espace, manque absolu d'hygiène et de confortable ; aussi ne doit-on pas hésiter à abandonner neuf fois sur dix, aux coolies et aux auxiliaires rompus à ces désagréments, les quelques habitations que l'on y rencontre ; Européens et même tirailleurs seront au bivouac, sauf les rares occasions où, par le plus grand des bonheurs, on pourra disposer de locaux administratifs ou des bâtiments d'un poste français régulier. En basses vallées cependant, régions plus riches où se sont formées des agglomérations aux cases plus propres et plus spacieuses, on pourra parfois utiliser les habitations indigènes ; dans la montagne proprement dite, presque jamais, exception faite des centres politiques, des chefs-lieux de chaû, par exemple, où les chefs féodaux possèdent d'immenses cases sur pilotis, bien aérées, propres et pouvant abriter facilement une centaine de personnes. Le bivouac obligé peut d'ailleurs, avec un peu d'habitude, se transformer aisément en installation presque confortable. Le bambou et le latanier en feront tous les frais ; mais de cette matière première, partout abondante, l'habileté professionnelle des indigènes saura tirer de petits chefs-d'œuvre. En une demi-heure, une équipe un peu exercée (sept ou huit indigènes, réguliers et autres, dirigés par un caporal) mettra sur pied une case en bambou fort bien agencée, pour dix ou quinze hommes ou pour un groupe d'officiers, avec lit de camp, bancs et table, recouverte à la perfection de larges feuilles de latanier sur lesquelles les eaux du ciel glisseront inoffensives ; la température, jamais très basse, même la nuit, permettra d'ailleurs de s'accommoder de quelque défaut dans les jointures. (Ce serait ici le moment, si notre cadre nous le permettait, de chanter après tant d'autres les louanges du précieux bambou, trésor inestimable du sol tonkinois, matière première à tous usages, constructions, clôtures, conduites d'eau, récipients, papier, chapeaux, éventails, manteaux, vêtements, aliment même pour les animaux et à l'occasion pour l'homme.)

A moins qu'on ne soit au contact immédiat de l'adversaire, cas où les nécessités tactiques priment toutes les autres, on bivouaque en général aux lisières des bois et à portée immédiate de l'eau ; formation normale en carré, les bagages au centre et le service de sûreté assuré comme il a été dit. Dans les terrains à surprises, il sera bon d'ailleurs de se ménager pour le lendemain d'une façon certaine le débouché facile du campement, en le faisant tenir à l'avance par une fraction. Dans les stationnements de jour, on persuadera aux hommes inoccupés qu'ils doivent dormir pour réparer les forces dépensées.

E) **Le combat.**

Voici notre colonne à pied d'œuvre. Les renseignements recueillis jusqu'à présent nous ont appris que la bande avait son « repaire » ou centre d'action dans telle position connue (approximativement tout au moins) des gens du pays, mais difficile, impossible le plus souvent à reporter exactement sur nos cartes. Il s'agit de la joindre et de la battre. Si le pirate chinois faisait la guerre à notre manière, en soldat n'ayant d'autre objectif que l'ennemi et d'autre préoccupation que la victoire, au lieu de rechercher simplement les profits d'un commerce d'un genre spécial, nous pourrions ici, comme en tout terrain de montagne, user contre lui du vieux procédé classique (manœuvre offensive et combat défensif) préconisé par Napoléon : « Dans la montagne, disent les Mémoires, on trouve partout un grand nombre de positions extrêmement fortes qu'il faut bien se garder d'attaquer. Celui qui attaque a du désavantage. Même dans la guerre offensive, l'art consiste à n'avoir que des combats défensifs et à obliger l'ennemi à attaquer. » Malheureusement pour la mise en application du système, le pirate du Haut-Tonkin, qui n'est plus un soldat, mais bien un brasseur d'affaires, règle naturellement son mode d'action sur l'intérêt immédiat de son industrie, intérêt qui ne lui impose que très exceptionnellement l'offensive. Pour atteindre son but, purement mercantile, il lui suffit, en effet, de « durer » un certain temps dans une région donnée ; sa tradition de guerre, taillée désormais à la mesure de ce besoin, est donc défensive par essence et nous ne pourrons jamais nous flatter, en dépit des feintes les plus subtiles et des manœuvres les plus savantes, de le faire sortir de son gîte pour marcher sur nous. Nous l'attendrions en vain. Il nous faudra, pour le combattre, pour en débarrasser la région qu'il désole, aller le chercher là où il est, et affronter nous-mêmes, bon gré mal gré, ce qu'un auteur militaire appelle « la formidable chance d'une attaque de position en montagne ». Tâchons, en vue d'une partie si redoutable, de mettre tous les atouts dans notre jeu.

Comme bien on pense, le premier et le plus efficace de tous sera la *surprise*. Au début de la colonne du Rip (Sénégal, avril 1887), le lieutenant-colonel Coronnat a posé, dans une série d'instructions qui passent à bon droit pour le modèle du genre, ce principe essentiel de la petite guerre coloniale *qu'il importe de chercher une affaire décisive dès le début des opérations, c'est-à-dire au moment où la colonne peut produire l'effet maximum avec les moyens dont elle dispose, les chances de succès augmentant pour notre adversaire indigène par le seul fait de la prolongation des hostilités.* Avec le pirate chinois, si prompt à se dérober, ce succès décisif du début ne pourra évidemment être obtenu qu'à la faveur de la surprise. Mais la surprise elle-même exigera la réunion de deux conditions essentielles :

a) Renseignements précis et complets ;

b) Secret des opérations.

Nous avons vu comment le renseignement nous sera procuré ; il faut, redisons-le, pouvoir compter, pour arriver à des résultats, sur la coopération loyale et active de l'habitant ; nous savons même que ses deux produits essentiels (l'émissaire et le partisan) nous sont ici plus indispensables encore que ne l'est à une armée continentale l'arme de la cavalerie. D'autre part, il est évident que le secret du plan arrêté dans l'esprit du chef doit d'autant moins transpirer que, même parmi les populations les plus fidèles et les plus dévouées, le pirate chinois cache parfois des amis inavoués mais sûrs ; et, à ce point de vue, rappelons en passant que la diffusion discrète de fausses nouvelles peut rendre et a rendu des services. Mais supposons les deux conditions réalisées. Pourvus des renseignements utiles et le secret des opérations assuré, pouvons-nous espérer surprendre effectivement notre adversaire ? Au début d'une campagne, le pirate chinois, toujours en éveil, peut passer pour insaisissable ; mais il porte dans son bagage un ami qui le trahira : l'opium. Et tout d'abord, son installation terminée, le terrain bien truqué en vue de la résistance, il lui arrive presque toujours, dès que le butin commence à rentrer régulièrement, de moins songer à le défendre qu'à anticiper sur les futures orgies ; dès ce moment, l'absorption de nourritures excessives succédant à des jeûnes prolongés, l'abus du saké et de l'alcool de riz le prédisposent à la surprise. Mais sa furieuse passion, l'opium, le terrasse plus sûrement encore ; elle l'a souvent livré, comme pieds et poings liés, à ses ennemis, les Français. Sans escompter d'ailleurs des résultats aussi complets, qu'il nous suffise de savoir qu'à l'heure favorable où la lourde sieste plane sur la bande, il y aura encore de bonnes occasions pour un assaillant résolu. Heure de sieste et non de nuit, étant bien avéré qu'une attaque de nuit « n'a, ici comme ailleurs, de chance de réussir que sur un terrain et contre des positions exactement reconnues d'avance ». « Un combat de nuit, a dit le général Maillard, se prépare, mais ne se conduit pas. La préparation consiste à prendre ses dispositions d'avance, d'après le terrain et les positions de l'ennemi. Il serait puéril d'essayer un combat de nuit sans renseignements préalables certains.. » Ici nous manqueront presque toujours ces certitudes indispensables. De règle dans la future grande guerre, comme elle l'a été en Mandchourie, dans ces luttes gigantesques où, dix jours durant, les armées ont lutté sur un terrain dont elles avaient fini par connaître tous les détails, l'attaque de nuit semble bien difficilement réalisable sur notre terrain colonial si mystérieux, recélant, même de jour, de si nombreuses causes d'erreur et, dans l'ombre surtout, tant de pièges et tant de périls, terrain où, pour s'aventurer de sang-froid, la nuit, il faudrait, du chef au dernier troupier, avoir autour du cœur et des nerfs mieux que l'*æs triplex* chanté par Horace. De pareilles entreprises ne peuvent, neuf fois sur dix, conduire qu'à des désastres. (Les marches de nuit ne s'en imposeront pas moins dans certains cas, sinon en vue du combat immédiat, du moins comme simple transport des forces à pied d'œuvre.) Mais si nous rejetons ici le combat de nuit, nous croyons fermement qu'une action rationnellement combinée contre un « repaire », autrement dit, une action ayant pour base un rassemblement discrètement formé à pied d'œuvre, échafaudée d'autre part sur des renseignements sûrs et précis, n'exigeant, dès lors, au moment voulu, qu'un déboulé bref, sans tâtonnements ni incertitudes, des éléments appelés à y prendre part, aura, pendant ces heures de l'après-midi où le « giac » s'engourdit si volontiers sur sa natte, les plus sérieuses chances de résultat. Dans les campagnes du Haut-Tonkin, les exemples en sont nombreux. Il n'en est pas moins vrai qu'en mettant les choses au mieux, une semblable opération est chanceuse par essence et que, si l'une quelconque des conditions ci-dessus énoncées ne se trouvait pas réalisée, l'affaire ainsi engagée ne saurait raisonnablement prétendre à la décision.

En définitive, s'il faut rechercher et organiser la surprise, il est prudent de s'attendre à la voir éventée, et d'avoir tout disposé en conséquence en vue d'une action méthodique.

Pour ce genre d'opérations, d'un caractère unique même en « guerre coloniale », nos moyens seront nécessairement limités comme importance et comme mode d'emploi, puisque nous sommes aux colonies et en montagne. L'histoire des vingt années de guerre du Haut-Tonkin démontre cependant qu'ils ont presque toujours suffi à procurer (aux chefs dignes de ce nom) les succès les plus nets et les moins contestés. Non, certes, qu'il y ait lieu de faire fi de l'accumulation des moyens ; l'expérience prouve, au contraire (le bon sens l'indiquerait à lui seul), que, même sur ce terrain, les succès obtenus sont proportionnés à l'importance des effectifs mis en jeu.

Nous allons voir, du reste, la physionomie des engagements se dessiner sous deux aspects bien différents suivant que nos effectifs, *sérieux*, nous permettront d'envelopper (convergence de plusieurs colonnes), ou, *réduits*, n'autoriseront que la manœuvre (colonne isolée ou détachement).

Cette distinction servira de base à notre étude du combat.

1° *On ne dispose pas de troupes à l'effectif suffisant pour assurer l'investissement de la position.*

C'est le cas le plus général (colonnes isolées, détachements, etc.). Limités par définition, nos moyens doivent cependant, comme il vient d'être dit, presque toujours nous suffire, à condition d'en faire un emploi judicieux et hors le cas, bien entendu, d'une infériorité numérique marquée. Ce terme d'*emploi judicieux* ne saurait évoquer, bien entendu, l'idée de combinaisons tactiques d'ordre supérieur ; sur ce terrain plus encore que sur les autres, la volonté de vaincre est le premier facteur du succès ; et puis, qu'on le veuille ou non, il faudra bien se résigner ici, en fait de tactique, à rétrograder de plusieurs années. Les considérations relatives au terrain, à l'armement, à l'adversaire à combattre ont donné à toutes les actions contre les pirates une physionomie à peu près identique : démonstration patiente sur le front, application de l'artillerie (quand il y en a dans les colonnes) à certains points sensibles de la position adverse, et, panacée suprême, mouvement tournant par une aile ou sur les derrières. C'est la tactique d'il y a quinze ans, celle que les capitaines d'aujourd'hui ont apprise dans les écoles militaires et qu'on leur a, depuis, rigoureusement prescrit d'oublier. Nous retrouvons ici une vieille connaissance, le combat démonstratif ou combat traînant (*hinhaltendes Gefecht*) ; rien de ces coups droits vigoureux du combat de front « nouveau style », tel que l'ont rationnellement conçu les Langlois et les Bonnal et tel que l'autorise *même*, disons mieux, *surtout* en terrain découvert et de libre parcours, l'appui efficace d'une artillerie qui aura pris le dessus sur l'artillerie adverse ; notre terrain spécial n'est qu'un terrain de chicane ; et d'ailleurs, quel que fût le terrain, la pauvre petite voix d'un ou deux canons de montagne très vieux jeu (nous n'en aurons d'ailleurs pas toujours) ne saurait prétendre, même de loin, au formidable effet d'orchestre... et de neutralisation de masses de batteries à tir rapide crachant de quinze à vingt obus par pièce et par minute. Grâce au terrain, grâce à l'utilisation intelligente qu'il en fait, le pirate chinois, bien armé, bon tireur, foncièrement brave quoi qu'on en puisse dire, défie l'attaque de front de l'infanterie la plus énergique ; on peut l'occuper sur ce front, l'y fixer ; on ne saurait, neuf fois sur dix, prétendre l'y forcer (sans le secours de combinaisons). Le combat sur le front se réduira donc ici à une véritable action démonstrative destinée à immobiliser l'adversaire et à permettre l'exécution du mouvement tournant. Procédé de manœuvre rationnel sur tous les terrains, ce dernier joue un rôle essentiel dans la guerre de montagne, parce que, seul, il procure le « commandement » qui est, en montagne, une condition quasi-obligée des succès tactiques (1). Nous savons, d'autre part, que, sur notre terrain spécial, le mouvement tournant est presque toujours possible et l'expérience a prouvé que, secondé par l'artillerie, il était pour ainsi

(1) N'oublions pas que nous sommes dans le cas général : effectif insuffisant à assurer l'investissement de la position.

dire irrésistible. Or, même dans le Haut-Tonkin, le canon de montagne tend à devenir d'un usage courant ; nous voici donc en mains un sérieux atout. Nous venons de dire cependant que ce canon ne pourrait en aucun cas produire l'effet de neutralisation nécessaire pour permettre d'aborder de front des défenses de quelque valeur ; ce qu'il peut et doit nous donner ce sont, au début d'une action, des effets de surprise, puis un effet progressif et sûr de contrainte matérielle et morale sur le défenseur ; chemin faisant, mais évidemment à titre exceptionnel, des effets de destruction contre certains obstacles; enfin, et surtout, le canon de montagne sera l'adjuvant par excellence de la manœuvre ; transportée à force d'énergie patiente sur le flanc ou dans le dos des pirates, l'artillerie sème la terreur, sinon la mort, et fait vivement place nette.

Si, pour une raison quelconque, le mouvement tournant se présente comme impossible, on se verra presque toujours dans la nécessité d'ajourner la décision ; dans ce cas, si l'on compte sur des renforts, on se bornera à un amorçage d'investissement (à distance) de la position pirate en barrant les sentiers qui y donnent accès, en attendant de disposer de moyens supérieurs ; sinon, on s'efforcera de décider l'ennemi à s'en aller en entamant contre lui une série de petites actions incessantes et énergiques, de manière à ne lui laisser ni trêve ni repos.

En général, cependant, le terrain permettant la manœuvre, l'acte de force sera possible, et nous concluons dans ce cas, de tout ce qui vient d'être dit, à un fractionnement normal pour l'attaque en :

a) Troupe de démonstration ;

b) Troupe de manœuvre ;

c) Artillerie et réserve (à la disposition immédiate du chef).

Un type de colonne fréquent (300 fusils environ avec ou sans artillerie) comporte presque toujours deux groupes mixtes d'infanterie. Dans l'attaque d'une position, comme il convient de ne pas rompre les liens tactiques, les deux commandants de groupe seront par suite chargés, tout naturellement, l'un de la démonstration, l'autre de la manœuvre. La réserve, composée surtout d'Européens, sera prélevée, sinon en totalité, du moins pour la plus grande partie, sur le groupe de démonstration ; il convient, en effet, de conserver aussi intact que possible à la troupe de manœuvre son fonds moral et offensif, c'est-à-dire ses ressources en Européens. La constitution à trois groupes de la colonne d'opérations ne donnerait pas nécessairement une solution simple et commode de cette question du fractionnement ; car, numériquement, la réserve peut être ici fort réduite par rapport à l'ensemble : 40 ou 50 fusils, soit un sixième à peine de l'effectif, y suffiront largement dans tous les cas. Ses unités une fois déclanchées, le chef ne saurait en effet prétendre, au milieu du chaos de bois et de rochers où l'on se bat neuf fois sur dix, étayer méthodiquement l'effort commencé, parer aux incidents, corriger les erreurs, jouer, en un mot, de sa réserve, comme il pourrait le faire sur des terrains moyens ou de libre parcours. Malgré le peu d'étendue du front d'engagement, les nouvelles qu'il recevra se rapporteront le plus souvent à des faits remontant à une demi-heure, une heure ou même davantage ; il sera trop tard pour intervenir. A quoi bon, dès lors, immobiliser auprès de lui le tiers de son effectif ? Mieux vaut sans doute assigner des missions bien nettes, quasi définitives, aux sous-ordres et les pourvoir à cet effet du plus de moyens que faire se pourra. En réalité, il suffit au commandement de disposer immédiatement :

1° D'un soutien pour son artillerie (but : la garder

de toute surprise, lui assurer au feu sa liberté d'action) ;

2° D'une poignée de gens résolus, sa sauvegarde personnelle, et destinés à intervenir, en cas d'événement particulièrement grave, pour décider d'un succès, pour limiter un échec.

C'est dans ce sens restreint qu'il faut entendre ici le mot de réserve.

Qu'on ne s'étonne pas de voir, au début de l'engagement, l'artillerie accolée à la réserve. Sa mise en action prématurée risquerait, en effet, de compromettre, peut-être irrémédiablement, le plan du chef. Celui-ci doit seul, d'ailleurs, décider de son emploi, tant dans les prémisses de l'action qu'en liaison avec la « manœuvre ».

Nous avons étudié, à propos des marches, le rôle général de l'avant-garde ; nous n'y reviendrons pas, si ce n'est pour insister sur ce point que, lorsqu'on a pour soi l'habitant, le rôle tactique de cet organe se trouve singulièrement diminué. Avec de bons auxiliaires, la reconnaissance est déjà terminée (dans la plupart des cas) au moment où la colonne rompt de son bivouac en vue de l'abordage. Organe de sûreté immédiate, chargée de frayer la voie, pioche et coupe-coupe à la main, elle devient tout naturellement au combat le premier ou même le principal élément de la démonstration. Les partisans lui épargnent souvent, du reste, le principal de son rôle de sûreté en précisant à l'avance les « coins à embuscade » ou en les éventant. Dans certaines régions, ces endroits sont pour ainsi dire devenus classiques et l'on pourrait dire sans exagération que, dans ces montagnes, savoir jouer de l'habitant est la moitié de la guerre.

Cependant, n'oublions pas l'autre moitié ; servons-nous de l'habitant, mais sans compter aveuglément sur lui seul. Il serait aussi fou de fonder entièrement le succès d'une opération sur son concours que de prétendre s'en passer.

La sûreté immédiate de la colonne, si difficile, si pénible et même pratiquement impossible à assurer d'une façon générale pendant les marches, va dans la « marche d'approche » s'imposer obligatoirement ; c'est un effort considérable, mais d'absolue nécessité. L'instrument idéal pour ce service serait le partisan, pour une fois discipliné et conduit par un chef français ; mais tant que nous n'aurons pas de bons tirailleurs thaïs ou mans, recrutés dans le pays même, le problème sera évidemment malaisé à résoudre.

Dans cette marche au combat, qui s'exécute toujours en terrain difficile, l'allongement deviendra parfois considérable ; il y a là un péril en cas de surprise ; un chef prudent doit arrêter plus fréquemment qu'à l'ordinaire sa tête de colonne et *faire serrer*. Il n'est pas mauvais que le convoi lui-même soit, en ces moments, dans la main du commandement qui ne devra plus s'en séparer qu'à la dernière heure, pour le faire arrêter en lieu sûr et sous bonne escorte... S'il faut marcher très vite, si le terrain est par trop difficile, une mesure s'imposera : organiser un convoi léger, aussi sommaire que possible, à dos d'homme, et laisser le gros des bagages dans le dernier poste (régulier ou de partisans) le plus rapproché du repaire. Ainsi fut-il fait, le 20 février, dans la marche sur Lang-Co-Lum.

Si, en dépit des précautions, nous tombons dans la fâcheuse embuscade, tenons ferme quel que soit le terrain ; pas d'en avant inconsidéré ; mais pas davantage de reculade qui, presque toujours, conduirait au désastre. Vivement égaillée et aplatie sur le sol, la fraction de tête riposte, cependant que tout ce qui suit stoppe, utilisant le terrain, et que le chef prend une décision. Nous savons que, contre la surprise, il ne saurait y avoir en pareil terrain de garantie absolue ; la surprise produite, pas davantage de cliché tactique ; parade et riposte jaillissent spontanément du cerveau du chef ; c'est affaire de calme, de coup d'œil et de sang-froid, toutes choses qu'on n'apprend pas dans les livres ; c'est le triomphe de la personnalité.

Un mot de la *démonstration*. Même réduite au rôle restreint que ce mot précise, l'action sur le front ne sera pas de la « stagnation » et sur cette partie du champ de bataille, l'on profitera, bien entendu, de toute supériorité acquise pour avancer ; mais la progression de l'infanterie, sans appui efficace du canon, sous le feu de tirailleurs bien armés, rompus à ce genre de guerre et se couvrant admirablement du terrain, ne pourra être que lente et pénible. Elle se fera « par infiltration », mot nouveau, chose vieille comme les guerres coloniales ; infiltration à jeu d'autant plus étroit que la cohésion, le coude à coude s'imposent davantage dans ce pays couvert et coupé, propice à toutes les surprises. Ici, en dépit de son incontestable utilité sur tous les terrains, l'outil de pionnier (que nous avons vu triompher dans les marches) nous sera moins indispensable assurément qu'en nos pays d'Europe, le sol naturel, par ses reliefs et ses couverts, procurant de lui-même en grande partie le masque et le bouclier. Cette difficulté du terrain, en favorisant les approches, fait du reste que le contact se prend, en général, à faible distance de l'objectif final, en sorte qu'à partir du premier coup de fusil il reste relativement peu d'espace à parcourir avant de l'atteindre, ce qui ne veut pas dire qu'il doive nous suffire d'un temps très court pour arriver à ce résultat (nous avons dit pourquoi les progrès de l'attaque de front seront démesurément lents). De là l'obligation de s'attacher de ce côté à un choix d'autant plus attentif des points d'arrêt ou de regroupement des unités, que ces emplacements doivent se prêter à l'exécution des feux de groupe, seuls efficaces, que le nombre en est, vu le peu d'espace à parcourir, plus restreint et qu'il faudra, par suite, stationner en chacun d'eux un temps plus long. Les chefs de section, officiers ou sous-officiers, devront s'y appliquer à faire tirer lentement, posément, à coup sûr pour ainsi dire, prévenant de la sorte tout gaspillage de munitions pratiquement irremplaçables ; devant l'impossibilité reconnue d'arroser l'adversaire des gerbes, nappes et déluges de plomb réglés et efficaces qu'affectionnent les professeurs de tir, l'individualité du tireur doit reprendre ici tous ses droits ; à lui de saisir l'objectif aux instants rares et fugitifs où il se dévoile. Le feu de salve de l'ancien règlement, dont l'emploi parut devoir être maintenu pour les troupes indigènes, est loin de s'imposer quand on commande à des Annamites qui, de par leur tempérament spécial, ont tout le calme et tout le sang-froid nécessaires pour faire le meilleur usage possible du seul feu vraiment efficace, du feu à volonté, qu'il s'agisse de feu lent ou de feu par rafales ; il est d'ailleurs facile avec des soldats aussi disciplinés de régler très exactement la consommation des munitions par l'emploi exclusif, jusqu'à la crise finale, de feux à cartouches comptées.

Nous avons démontré la nécessité du *mouvement tournant* pour arriver à un résultat. Aucune position pirate, si formidable soit-elle, ne prévaudra contre la manœuvre exécutée en collaboration intime avec le canon ; l'expérience l'a démontré. Mais il ne suffit pas d'enlever une position, il faut surtout faire à l'ennemi le plus de mal possible ; et, pour ce résultat, il est indispensable que la manœuvre ne soit pas à trop *grande envergure*, de manière que l'adversaire n'ait pas le temps de s'apercevoir du danger de sa situation et de s'y dérober. La manœuvre ne doit donc pas *traîner ;* rapidité et surprise, tels sont ses deux termes essentiels. A Muong-Chun (le 26 avril) nous restions maîtres, il est vrai, de positions formidables ; mais cela n'avançait pas les affaires ; la bande n'ayant été que peu éprouvée sur le front et s'étant, d'autre part, entièrement dérobée aux coups de la troupe de manœuvre, tout fut à recommencer.

L'action sur le front, elle, doit permettre de réaliser la manœuvre de qui seule sont attendus de grands effets pour le moindre prix ; elle devra, dans cette vue, rester démonstrative, se bornant à fixer l'ennemi sur ses positions pendant le temps nécessaire et ne visant pas, *en principe*, à une décision, que, neuf fois sur dix, elle n'obtiendrait par ses seuls moyens qu'au prix des plus sanglants sacrifices.

2° *Colonnes combinées.*

Quand l'importance des effectifs, une connaissance parfaite du terrain (cartes, guides sûrs, etc...) et des circonstances particulièrement favorables (ennemi fixé dans une région déterminée, voies d'accès convergentes et suffisamment faciles pour permettre le réglage du mouvement, etc...) nous le permettront, nous pourrons parfois substituer avec avantage au simple mouvement tournant (qui est presque toujours, quoi qu'on fasse, lent, difficile et rarement assuré d'une complète réussite) une action convergente de colonnes ou de groupes resserrant progressivement autour du repaire un cercle de fer et de feu. Insistons cependant sur ce premier point que, même avec de gros effectifs, une action convergente d'éléments indépendants, partant de bases trop éloignées les unes des autres pour marcher contre un même objectif, est généralement irréalisable ; aux colonies, certains chefs, et non des moindres, y ont toujours systématiquement renoncé. Nous rentrons alors dans le cas, déjà examiné, des colonnes isolées, avec cette nuance, toutefois, que nous disposons ici de moyens supérieurs.

Quoi qu'il en soit, une combinaison de colonnes ou de détachements convergents étant quelquefois possible et pouvant, quand elle réussit, procurer les plus grands résultats, il est de notre devoir d'essayer d'en déterminer la physionomie générale et les règles pratiques d'exécution.

Une action convergente suppose un plan arrêté à l'avance et presque dans les détails ; les colonnes, et même parfois dans chaque colonne, les groupes, suivant les cheminements existants et séparés latéralement les uns des autres par des obstacles malaisément franchissables agissent en effet chacun pour leur compte dans une direction déterminée. L'affaire s'engagera donc toujours, comme dans toute guerre de montagne, d'après une idée préconçue. Observons en passant que cette idée sera simple puisque, en définitive, pour chacun des acteurs, il s'agit simplement d'un coup droit. Le départ donné, la liaison entre colonnes et entre groupes ne s'opérera qu'au prix d'extrêmes difficultés ; même dans le Haut-Tonkin, où l'impossibilité absolue n'existe pas (comme elle se rencontre par exemple dans nos Alpes), la liaison permanente des efforts est pratiquement irréalisable, si on veut bien considérer les pertes de temps qu'elle entraînerait ; or, contre le « giac », *times is money ;* la manœuvre, éventée à temps, l'ennemi s'éclipse ; tout est à recommencer plus loin dans deux, trois, huit jours, et, cependant, la belle saison passe. Cette nécessité de l'idée préconçue, cette impossibilité d'agir autrement que d'après un plan bien arrêté à l'avance, impliquent pour le commandement l'obligation de donner à chaque unité appelée à agir isolément des instructions quasi définitives, instructions dont il doit venir des échos à tous jusqu'au dernier des soldats. Plus que partout ailleurs, sur le terrain colonial, un commandant de troupe doit faire sienne la maxime de Dragomirov : « Tout soldat doit connaître sa manœuvre. »

Est-ce à dire que le chef de l'ensemble doive, une fois le mouvement entamé, se borner au rôle de spectateur ou de comparse, marchant, résigné et impuissant à la remorque d'un groupe ? Non certes, car, dans toute action de ce genre, il existera toujours un axe principal de progression déterminé par le terrain et la situation, voie naturelle qu'empruntera ce chef ayant avec lui ses moyens spéciaux qui sont, nous l'avons dit, l'artillerie et la réserve, moyens grâce auxquels il pourra, à son gré, appuyer, nuancer, précipiter l'action. Il en jouera au mieux de son inspiration, d'après les renseignements de toute nature et les signaux conventionnels (fusées, feux de brousse, feux Colston, sonneries (1), etc.), qui lui feront connaître l'arrivée de telle unité à tel point de son itinéraire. Cette action convergente de colonnes multiples agisant simultanément sur un grand front semble procéder de l'ordre linéaire de fâcheuse mémoire ; mais, ce n'est là qu'une apparence ; dans chaque fraction engagée, l'action progressive et efficace en profondeur n'est-elle pas assurée, exagérée, si l'on peut dire, par le fait du terrain lui-même difficilement perméable, du sentier étroit qui ne vomit les combattants qu'à regret, comme au compte-goutte ? Une fois atteint ce que les Alpins appellent l'effectif de *saturation* correspondant à une zone de progression déterminée, rien ne servirait au surplus d'entasser de nouvelles fractions derrière les premières, elles resteraient inutilisables. En résumé, dans chaque unité appelée, comme nous l'avons vu, à agir pour son compte, les déploiements seront longs, tant par le fait de profondeur de la formation de marche en file indienne que de l'imperméabilité relative du terrain.

(1) Ne pas abuser des sonneries et changer fréquemment les « conventionnelles », car il est avéré que les pirates ont eu souvent avec eux des clairons dont ils usaient pour fourvoyer les patrouilles ou les détachements isolés.

La liaison assurée entre les éléments convergeant vers le même but, et le déploiement commencé dans chacun d'eux, seuls le terrain et la situation indiqueront au chef (au cas où la tournure du combat l'exigerait) quelles unités auront à faire dès maintenant de l'action démonstrative et quelles autres de la manœuvre. Le plus souvent, du reste, la simple constatation par l'ennemi qu'un cercle de feu et de fer l'enserre désormais sans merci ni remède nous assure sur lui une supériorité morale telle, qu'il suffit dès ce moment de marcher droit sur l'objectif commun, en passant... la plupart des formalités.

× ×

En dépit de l'étroitesse du cadre et de la simplicité des faits rapportés, l'action qui se déroule au jour le jour dans les deux premières parties de notre exposé peut, nous a-t-il semblé, donner une idée suffisamment exacte de ce qu'est la guerre dans ces pays. Au point de vue du combat, nous y avons vu des situations intéressantes :

a) L'*embuscade* (surprise par l'ennemi). Affaire du col du Ma-Qui. Ceux dont elle fut le début dans la guerre coloniale en ont conservé le souvenir comme d'une leçon cruelle, inoubliable... et qu'il était cependant bien difficile d'éviter. Nous y avons appris combien, sur ce terrain, l'adversaire est vigilant, astucieux, redoutable ; comment aussi on pare à un incident fâcheux par le sang-froid, l'énergie, la ténacité ;

b) La *surprise de l'ennemi*. Revanche impatiemment attendue, réalisée, le 4 mai à 9 heures du matin, devant Nam-Cuoc, le 16 mai à Bo-Lam, l'une et l'autre fois malheureusement à portée un peu excessive. La surprise véritable, obtenue en d'autres circonstances par de nos camarades plus heureux, leur a épargné bien des fatigues, bien des efforts ultérieurs. La surprise de Bo-Lam eut cependant les effets d'un acte décisif par suite de l'état d'usure matérielle et morale d'un adversaire aux abois et dont la résistance était par conséquent à la merci d'un effort un peu vigoureux ;

c) L'*attaque méthodique d'un ennemi en position* (Muong-Chun, 24 avril ; Coui-Cap, 4 et 5 mai). La première, décousue par suite du jeu trop large qui s'est produit entre la démonstration et la manœuvre, ne donne qu'un résultat insuffisant, purement moral. De la seconde, où la liaison et la convergence des efforts sont assurés autant que le terrain a pu le permettre, il résulte un succès indéniable, moral et matériel ;

d) L'*action d'usure lente et progressive contre un ennemi trop fort pour pouvoir être attaqué*. Opérations sous Lang-Co-Lum, du 22 au 27 février ; action ingrate et difficile, triomphe des irréguliers, des partisans, mais dont les résultats sont souvent considérables, à l'égard de gros succès obtenus par des actions de vigueur ;

e) La *reconnaissance d'une position ennemie par l'avant-garde* (21 février sous Lang-Co-Lum). Ce cas, exceptionnel sur notre terrain spécial, ne se présente que lorsque la troupe est livrée à ses seuls moyens, sans intervention possible du moyen d'investigation par excellence, de l'habitant. Dans ce pays à surprises, un tel procédé n'est qu'un pis aller, défectueux et insuffisant ; il faudra pourtant, quelquefois, s'en contenter.

Pour résumer d'un mot la physionomie du combat sur notre terrain spécial, insistons, au risque d'être accusé de redite, sur la nécessité absolue de la *combinaison*, dans tous les cas, qu'il s'agisse de colonne isolée, de détachement de faible effectif ou d'une réunion de colonnes ou de détachements se donnant rendez-vous à pied d'œuvre. Une attaque brutale droit devant soi, une simple action de front, même appuyée par de l'artillerie, réussirait peut-être, mais au prix de sacrifices hors de proportion avec les résultats. Manœuvre (effectif réduit) ou convergence des efforts (gros effectif), suivant le cas, telle est la condition du « succès à obtenir au moindre prix ». « Quelles que soient, a dit le général Gallieni, les difficultés qu'il y ait dans ce pays à combiner des mouvements convergents et à pratiquer des passages à l'artillerie, on peut être assuré qu'elles seront toujours amplement compensées par les résultats et par l'absence de pertes. » Cette nécessité de réduire les pertes tient, en dehors d'une question d'humanité, à l'impossibilité de les réparer en temps utile et aux fâcheuses conséquences d'ordre moral qui pourraient en résulter.

Les opérations du Çaï-Kinh, des Ba-Chau, etc. (régions limitrophes du Quang-Si), ont démontré la nécessité d'assurer une ligne de retraite éventuelle aux troupes d'opérations, en les reliant par une chaîne de petits postes à la base de départ. Bien que notre terrain du fleuve Rouge et de la rivière Claire soit moins tyrannique et qu'au prix d'énergiques efforts une colonne puisse, en général, y manœuvrer dans tous les sens, il existe cependant en certains endroits des *points de passage à peu près obligés* (le Déo-Ma-Qui en est un bel exemple), dont il sera bon, après les avoir franchis, de se conserver la libre disposition : 1° pour le cas d'insuccès ; 2° pour les évacuations et le ravitaillement. Il y a lieu, du reste, afin de se prémunir même contre l'invraisemblable, de songer, chaque fois qu'on attaque, à la classique position de repli.

× ×

Il pouvait sembler naturel de toucher, pour finir, un mot de la *poursuite*, conséquence logique de tout engagement victorieux. Nous avons dû y renoncer, faute de données certaines et d'expérience personnelle suffisante. C'est là, d'ailleurs, un sujet spécial, sujet d'importance et fait pour tenter la plume d'un professionnel de ce genre d'opérations.

Disons, cependant, que ses règles générales nous sont connues. Au cours des faits exposés plus haut, c'est surtout, il est vrai, *par le fonctionnement intensif du renseignement* que nous avons poursuivi Hoang-Cao, Hoang-Man et Mac-Qué-An. Mais le renseignement est précisément l'œil et la base de la *poursuite*, et, pour ce qui est de l'opération tactique envisagée en elle-même, les principes sur lesquels elle se fonde sont ceux de toute action de guerre entreprise dans ces pays.

Nous les avons exposés à propos des marches, du stationnement et du combat.

CONCLUSION

Evitant à dessein toute généralisation et laissant à nos camarades le soin d'apprécier si telle de nos observations ne pourrait utilement s'appliquer à d'autres terrains et à d'autres soldats ; écartant même de notre exposé tout ce qui, de près ou de loin, pourrait paraître empiéter sur le domaine de la politique (pacification, organisation des régions frontières, armement des populations, etc.), nous nous sommes astreint à demeurer sur le terrain strictement professionnel d'une petite guerre vue et vécue, et notre but serait atteint, si nous avions réussi à tirer de cette modeste expérience quelques enseignements utiles pour nos jeunes camarades des troupes coloniales. Mais de toutes les leçons qu'elle peut offrir, celle à laquelle nous tenons le plus, et la seule à vrai dire qu'il soit du devoir de tous de retenir et de méditer, c'est celle, toujours la même et pourtant toujours nouvelle, que nous ont donnée après tant d'autres les Palisse, les Schalutzer et tous les braves gens tombés si crânement sous les balles pirates.

En ce temps où l'énergie est en baisse, où la commode religion du *pacifisme* tend à se substituer au culte de la patrie, où l'ingénieuse réclame tient souvent lieu de tout mérite, il est bon, il est sain de rappeler de tels exemples, d'applaudir à un geste héroïque, de bon aloi, fait simplement, obscurément, pour le devoir.

Paris, le 1er février 1906.

F. BERNARD.

BIBLIOTHÈQUE NATIONALE BF IMPRIMÉS

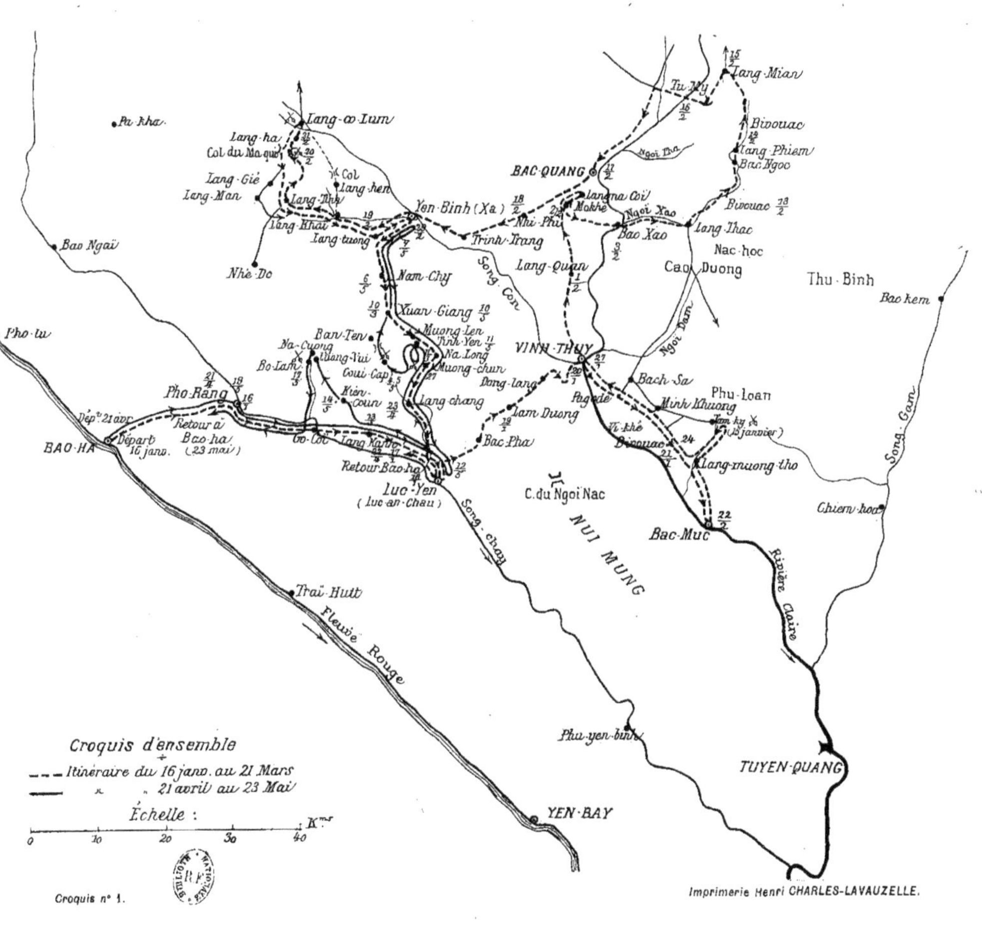

Croquis n° 1.

BIBLIOTHÈQUE NATIONALE RF

Imprimerie Henri CHARLES-LAVAUZELLE.

TABLE DES MATIÈRES

Paris et Limoges. — Imp. milit. Henri Charles-Lavauzelle.

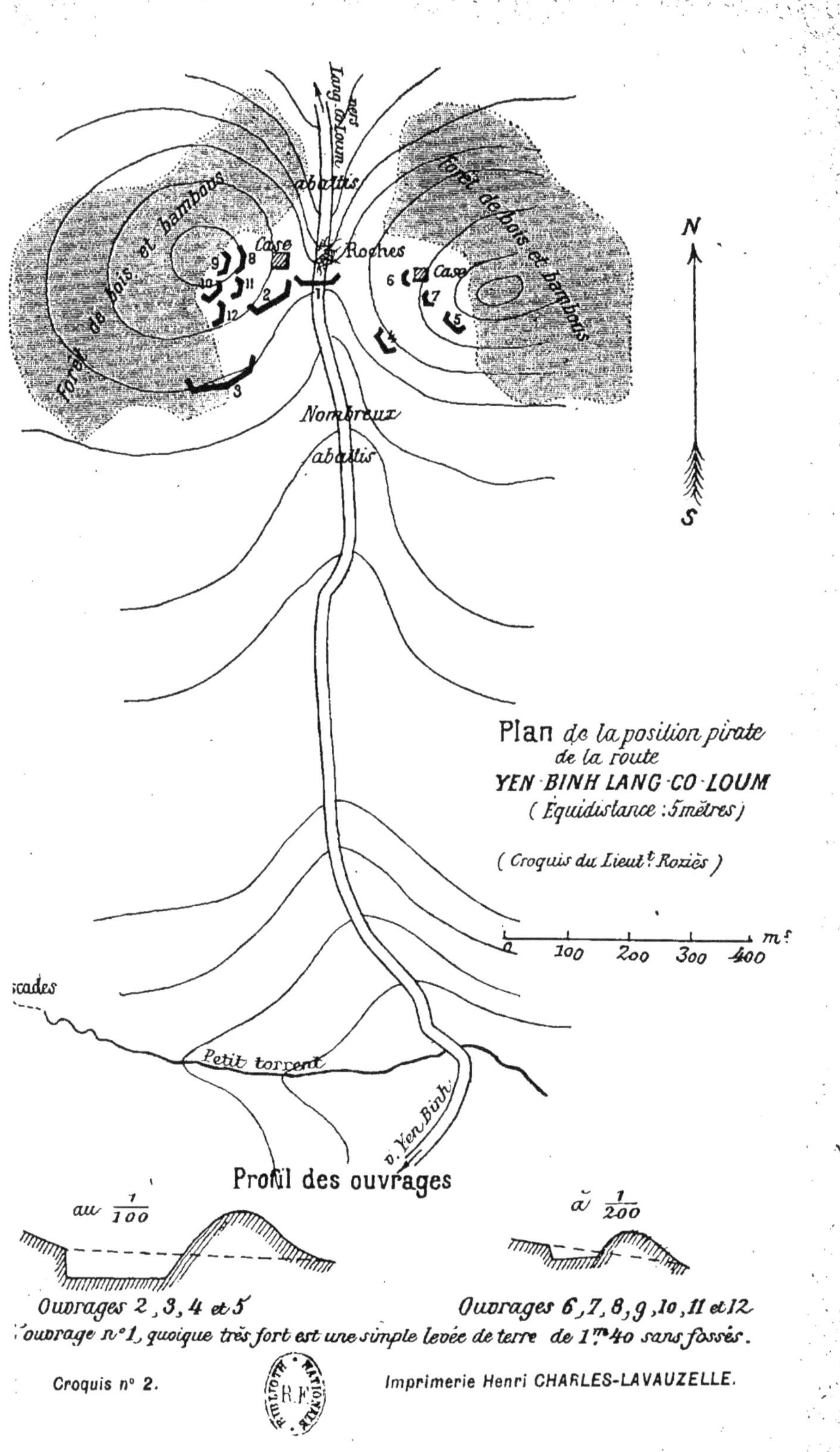

Croquis n° 2.

Imprimerie Henri CHARLES-LAVAUZELLE.

BIBLIOTH. NATIONALE R.F.

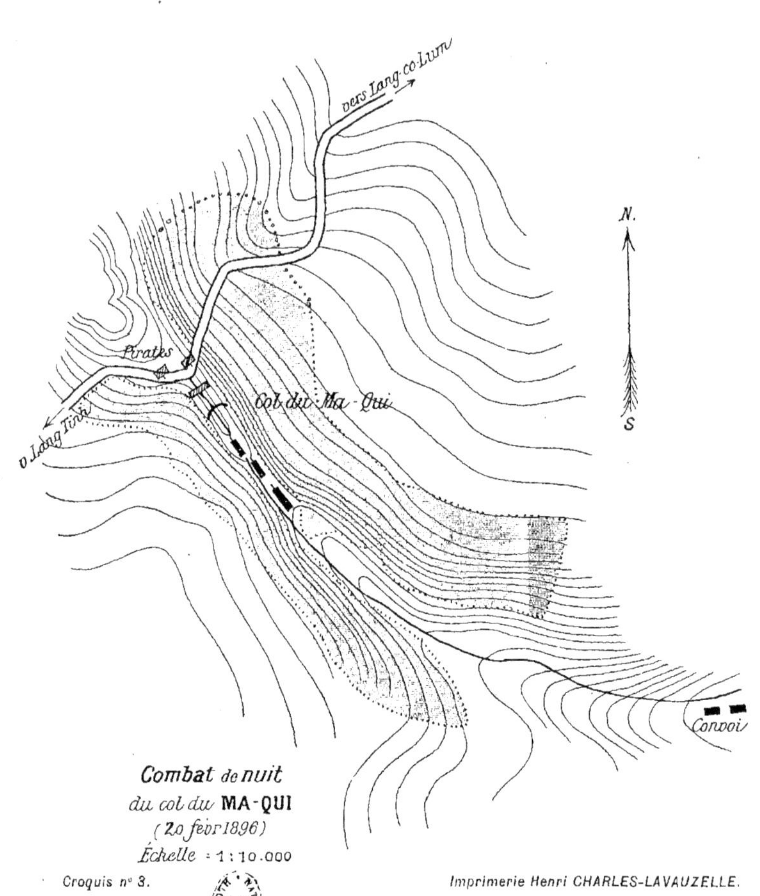

Combat de nuit
du col du **MA-QUI**
(20 févr. 1896)
Échelle : 1 : 10.000

Croquis n° 3.

Imprimerie Henri CHARLES-LAVAUZELLE.

BIBLIOTHÈQUE NATIONALE RF

Blockaus pirate
Poste des partisans
Poste français
Massif boisé
Rizières
Ancien poste
Du Col du MA-QUI
à
LANG-CO-LOUM
(21 févr. 1896)
Échelle $\frac{1}{20.000}$ env.
Lang-hé
Rizières
Col du Ma-Qui (Déo-Ma-Qui)

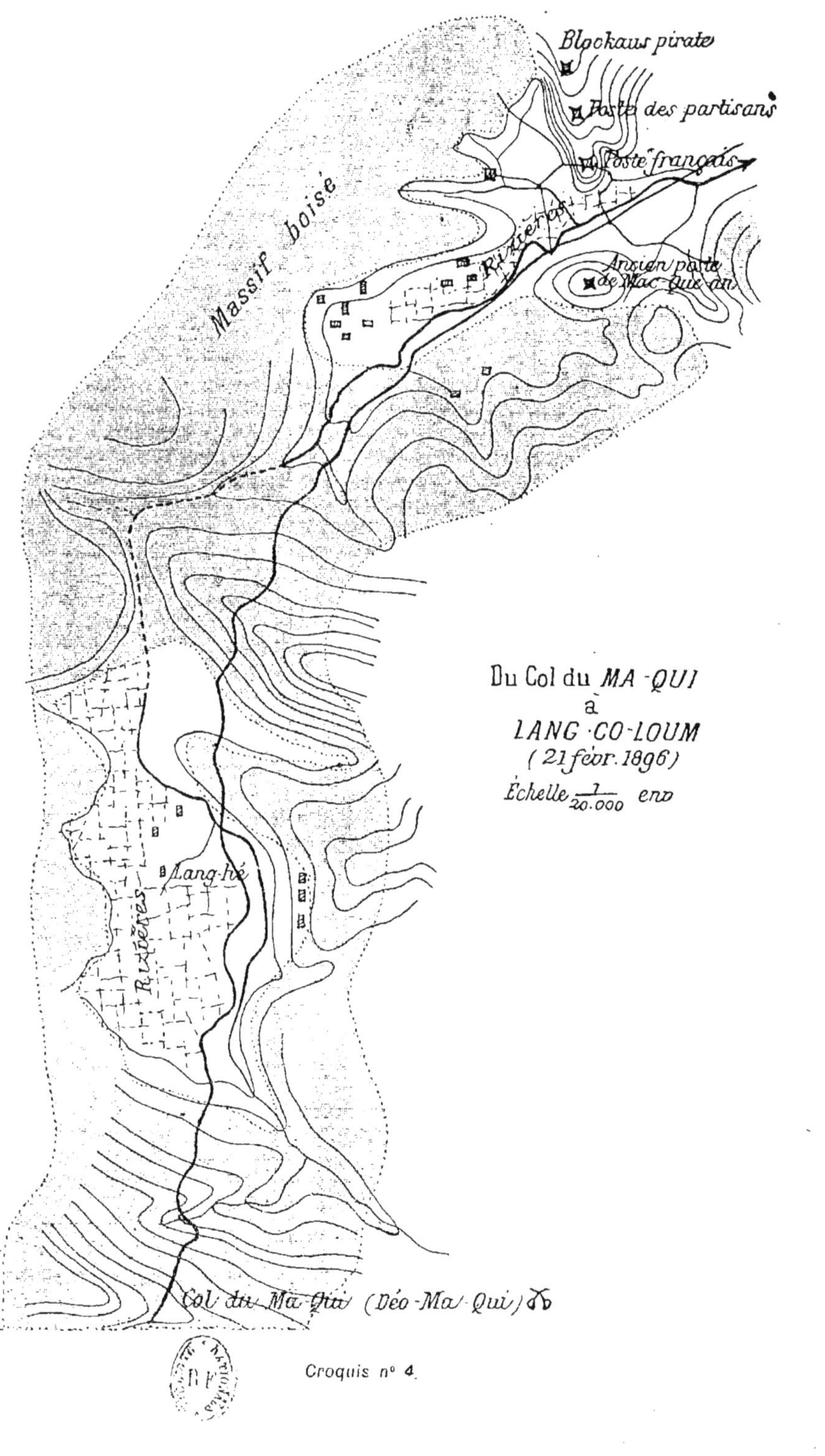

Croquis n° 4

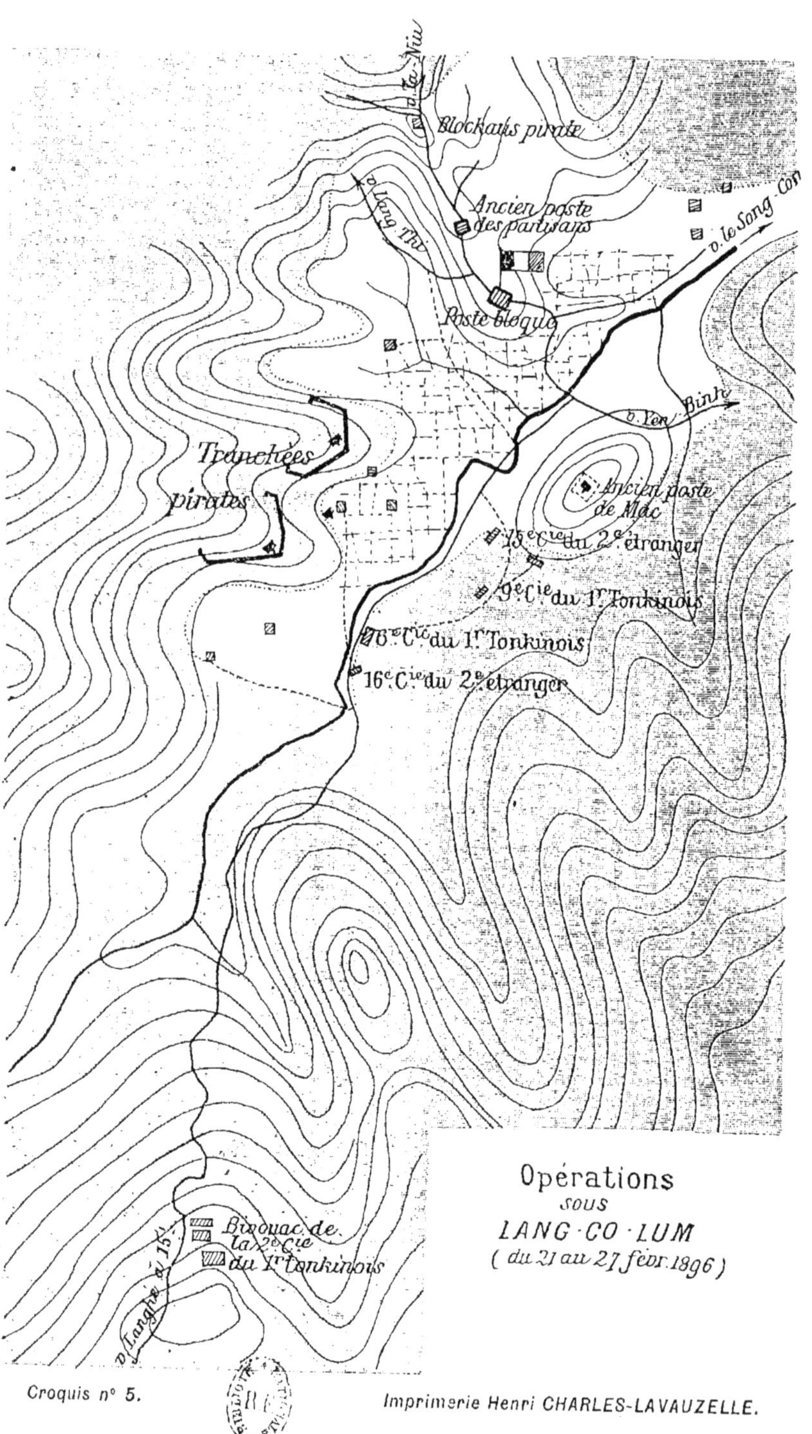

Opérations sous LANG-CO-LUM (du 21 au 27 févr. 1896)

Croquis n° 5.

Imprimerie Henri CHARLES-LAVAUZELLE.

BIBLIOTHÈQUE NATIONALE

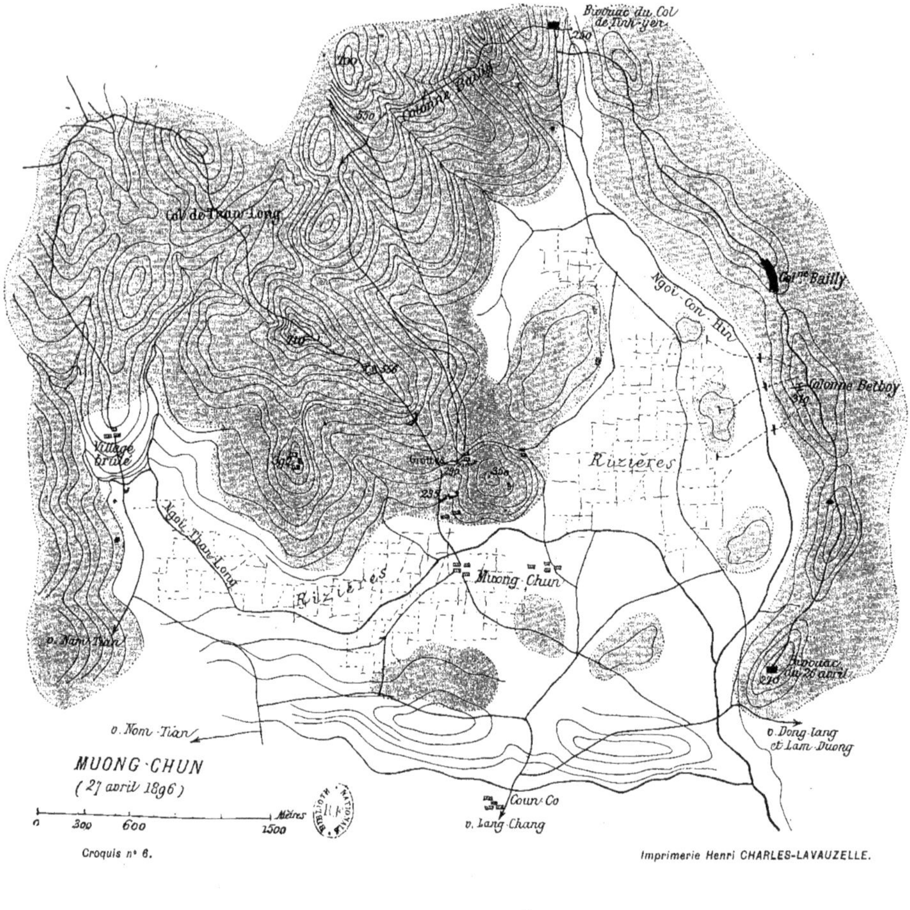

Bivouac du Col de Tinh-yên

Colonne Bailly

Col de Than-Long

Ngoi-Con-Hin

Colne Bailly

Colonne Belboy

Village brûlé

Grottes

Rizières

Ngoi-Than-Long

Muong-Chun

v. Nam-Tian

Bivouac du 26 avril

v. Nom-Tian

v. Dong-lang et Lam-Duong

Coun-Co

v. Lang-Chang

MUONG-CHUN

(27 avril 1896)

0 300 600 1500 Mètres

Croquis n° 6.

Imprimerie Henri CHARLES-LAVAUZELLE.

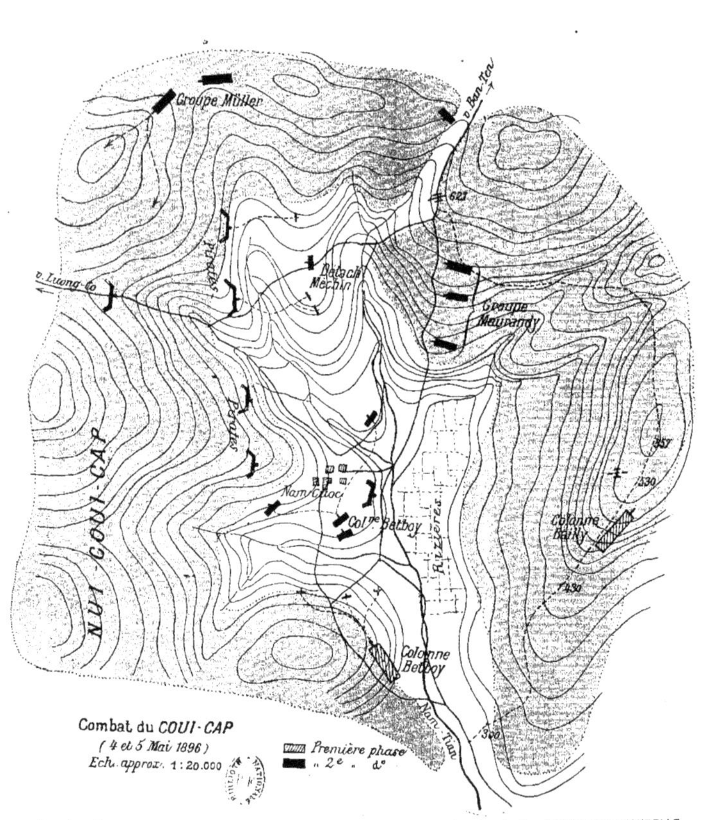

Croquis n° 7.

Imprimerie Henri CHARLES-LAVAUZELLE.

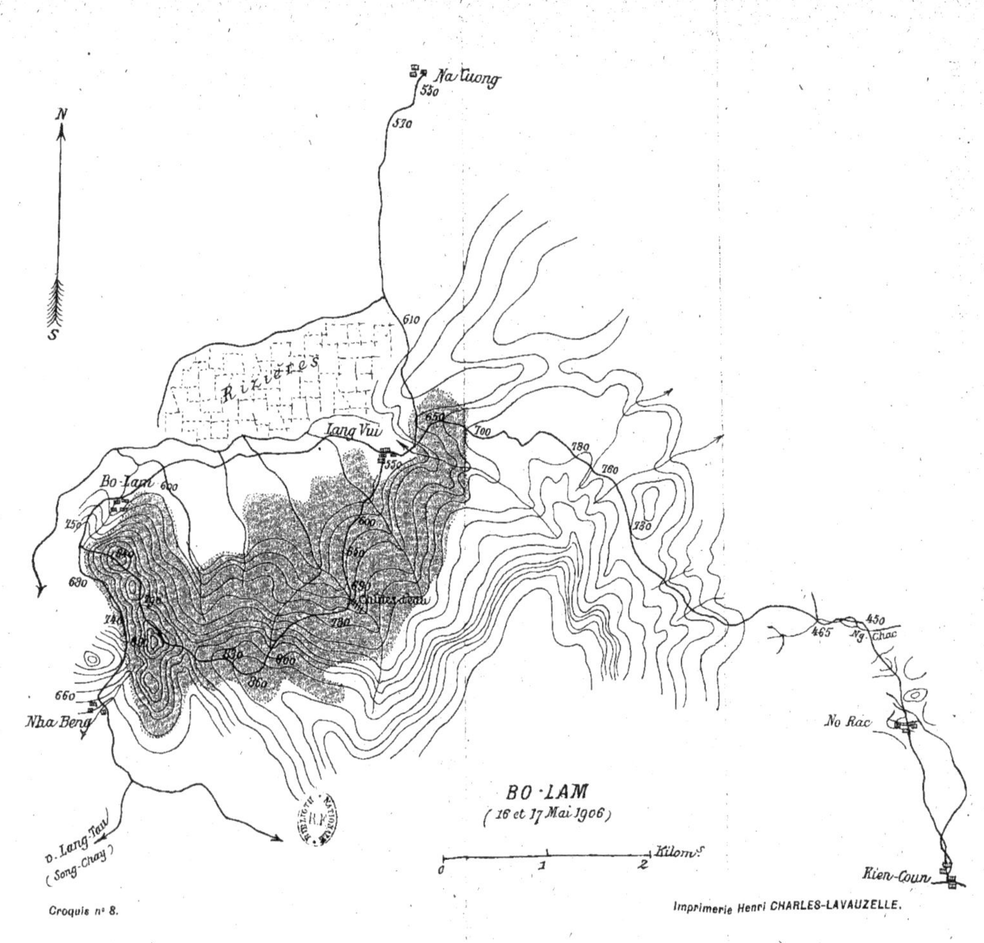
Na Tuong
550
570
610
N
S
Rizières
Lang Vui
550
650
700
780
760
730
Bo-Lam
600
750
680
740
660
Nha Beng
465
450
Ng. Chac
No Rac
BO-LAM
(16 et 17 Mai 1906)
0
1
2
Kilom.s
v. Lang-Tau
(Song-Chay)
Kien-Coun
Croquis n° 8.
Imprimerie Henri CHARLES-LAVAUZELLE.

Librairie militaire Henri CHARLES-LAVAUZELLE

PARIS ET LIMOGES

Autour de Kita, étude soudanaise par G. Tellier, chef de bataillon d'infanterie de marine. — Volume grand in-8° de 320 pages............ 5 »

(Ouvrage honoré d'une souscription du ministère de l'instruction publique.)

Notice sur la résidence du Zinder, par le capitaine Gaden. — Volume in-8° de 120 pages, avec 11 gravures dans le texte................. 2 »

Expédition de Chine de 1900 jusqu'à l'arrivée du général Voyron, par le colonel de Pélacot, ancien commandant du corps expéditionnaire. — Volume grand in-8° de 286 pages avec 18 gravures dans le texte. 5 »

(Ouvrage couronné par l'Académie française et honoré d'une souscription du ministère de la guerre.)

Rapport sur l'expédition de Chine (1900-1901), par le général Voyron. — Volume in-8° de 514 pages, orné de nombreuses gravures. 7 50

Pékin pendant l'occupation étrangère en 1900-1901, par le lieutenant-colonel Guillot, ancien commandant du génie de la 1re brigade du corps expéditionnaire de Chine. — Volume grand in-8° de 96 pages, avec 4 croquis et le plan de Pékin, couverture illustrée................. 3 50

Campagne de Chine (*mai à septembre* 1900). — **Journal d'un officier,** par le lieutenant M. Saillens. — Volume in-8° de 160 pages, avec 24 gravures.. 3 »

(Ouvrage honoré d'une souscription du ministère de la guerre.)

Réorganisation de l'armée chinoise, écoles militaires, traduction de documents chinois. — Volume in-8° de 100 pages .... 2 »

Campagne de Chine 1900-1901. — Service vétérinaire du corps expéditionnaire français et dans les armées alliées, par M. Barascud, chef du service vétérinaire du corps expéditionnaire de Chine. — Volume in-8° de 270 pages, illustré de nombreuses gravures................. 5 »

La Chine pour tous (*Histoire, population, administration, traités avec la France*). — Volume in-8° de 84 pages, avec une carte dans le texte. 2 »

Du ravitaillement du corps expéditionnaire français pendant la campagne de Chine de 1900-1901, par L. Villate, sous-intendant militaire de 1re classe. — Volume in-8° de 136 pages................ 2 50

L'expédition de Formose, souvenirs d'un soldat, par le commandant Thirion. — Volume in-8° de 101 pages avec carte................... 2 50

Notre politique en Chine, par le général Luzeux (Extrait de la *France militaire*). — Brochure in-18 de 52 pages........................ 1 25

Étude sur la Mandchourie, par le lieutenant Pruneau, de l'infanterie coloniale. — Brochure in-8° de 92 p., avec 1 carte et 3 photographies.. 2 »

Luttes et combats. Sur la frontière de Chine (**cercle de Moncay**) (1893-1894-1895), par le capitaine Senèque, de l'infanterie coloniale. — Volume in-8° de 156 pages, avec de nombreuses photogravures dans le texte, faites par l'auteur, couverture illustrée en couleurs.................. 3 50

(Ouvrage honoré d'une souscription du ministère de la guerre.)

Une garnison internationale. — La Canée, par Iani Tikai[illegible] in-8° de 164 pages ....

(Ouvrage honoré d'une souscription du ministère de la guerre.)

Opérations militaires au Tonkin, par [illegible] commandant bre[illegible] du 161e régiment d'infanterie. — Gr[illegible] [illegible] pages, 7[illegible]

(Ouvrage honoré de souscriptions des m[illegible] colonies et dont l'achat par les corps de [illegible] 1897 de M. le Ministre des colonies.)

Le catalogue généra[illegible] tuitement à tou[illegible] Henri CH[illegible]

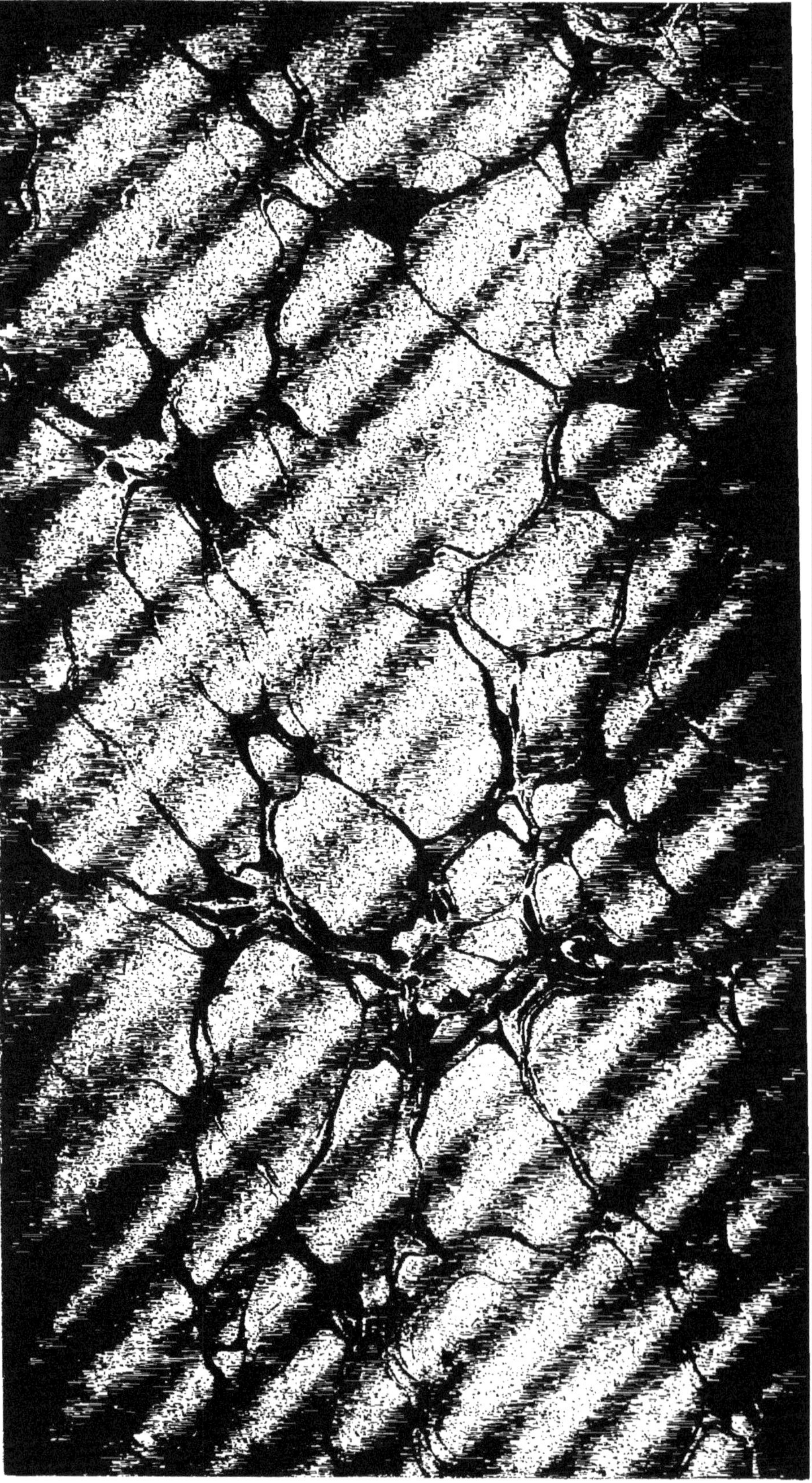

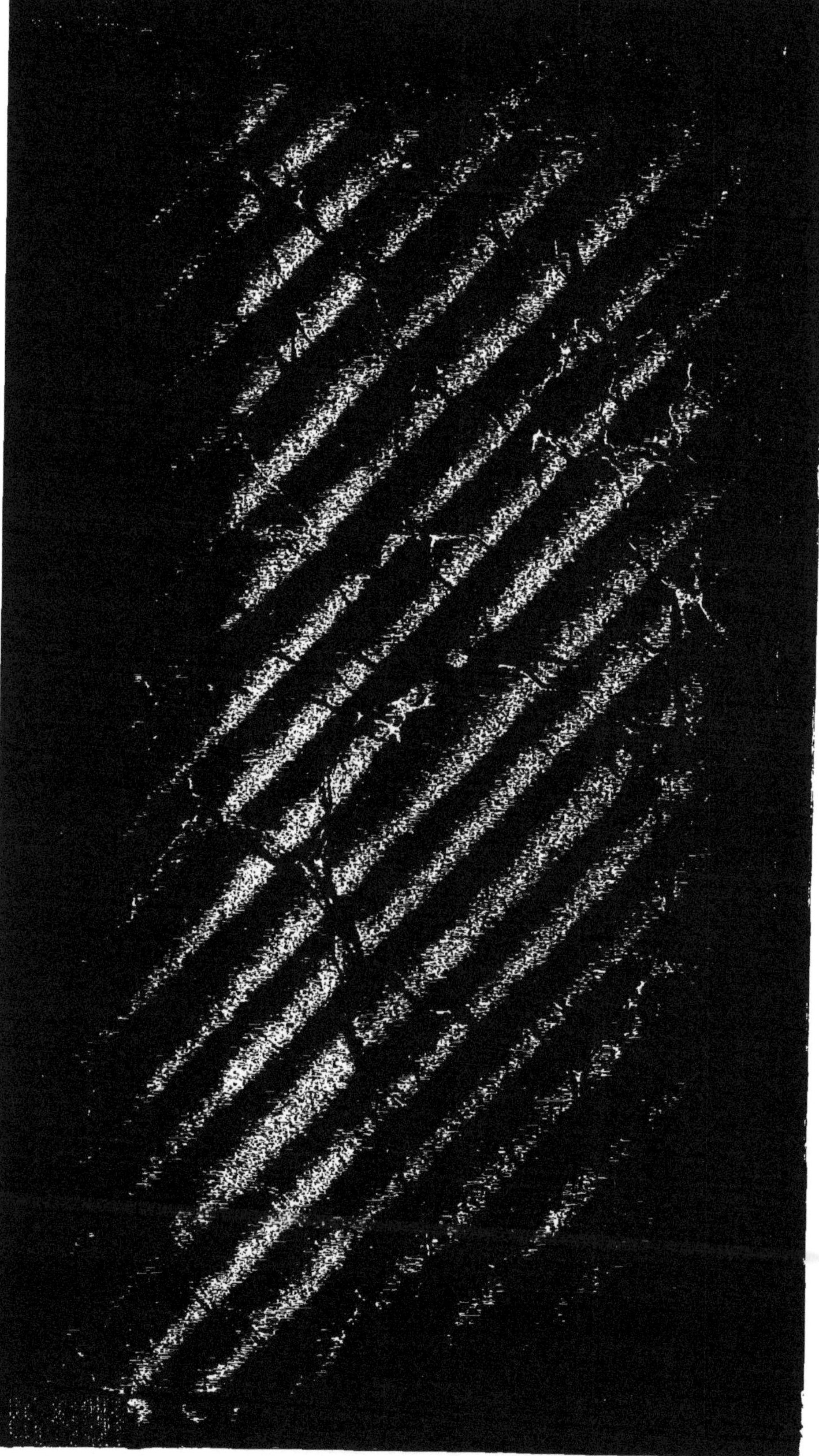

BIBLIOTHEQUE NATIONALE DE FRANCE
3 7531 02921685 1

www.ingramcontent.com/pod-product-compliance
Ingram Content Group UK Ltd.
Pitfield, Milton Keynes, MK11 3LW, UK
UKHW012212240726
13966UKWH00002B/715

9 782011 914859